駭客之

Road To Hacker

◇| >◎ ∩>※

作者：Yuan「孤鷹」

△⊙∩：4∪△∩「•⊙△」

美商EHGBooks微出版公司
www.EHGBooks.com

EHG Books 公司出版
Amazon.com 總經銷
2021 年版權美國登記
未經授權不許翻印全文或部分
及翻譯為其他語言或文字
2021 年 EHGBooks 第一版

ISBN-13：978-1-64784-071-6

目錄

「緣起」

在如今這個時代，駭客(Hacker)這個名詞被新聞媒體大量報導濫用之下，已經相當等於破解者(Cracker)這個比較負面的名詞定義了，實際上對於電腦(Computer)工作的從事者而言，駭客並不等於破解者，破解只是駭客技術其中的一門學問而已。

真正的駭客可以說是「電腦世界裡的雅痞」，電腦技術學問世界裡的尖端博學者，他們一心只沉浸在電腦技術的研究開發及使用之中，對於世間的名與利並不是那麼的熱衷於追求，這才是早期駭客這個名詞應該有的心態，可惜正如傳說中所言的「棍棒打不倒經濟規律」，畢竟駭客也是要喝水吃飯的，所以就有不少人下海給它潦下去了，也就造成了被污名化的普遍現象。

由於現代新聞媒體懶得分辨及查問分別的加大渲染之下，造成現在只要是出現電腦犯罪者，直接就給犯罪者定冠名成電腦世界大名頂頂的「駭客(Hacker)」，久而久之下大家都快習慣「電腦犯罪者=駭客」這樣的定義了，無限的拉低了駭客的地位成為了破解者，這對於專注於研究電腦技術長達 30 幾年的我來說，有點遺憾於世界的定位及風氣走向，對於這個名詞的態度從以前的「尊敬崇拜」，漸漸變得「恩怨交纏、又愛又恨」。

一名真正的電腦駭客是需要精通硬體結構與軟體知識，甚至在「基本電學」、「電子學」、「數位電子學」、「數學」、「物理」、「化學」、「通訊」…等方方面面相關知識都要有水準以上的認識，才有可能真正的成為一名電腦駭客，如果只是單純會搞破壞的話，只能是一名低級的破解者而已。

今日世界的電腦已經成為人們日常工作的一個大幫手，許許多多的工作都需要電腦來協助快速完成，可以說 20 世紀最大

的發明就是電腦,而要成為電腦界擁有極高名聲地位的「駭客」,所需要付出的努力不是單單一門破解知識就能夠全部概括包含的,希望這一點各位讀者真正能夠了解與體會,清楚駭客並不等於破解者。

想要成為一名真正的「駭客」,首先你必需要瞭解電腦硬體結構的相關知識,這之中牽扯到「數學」、「電學」、「電子學」、「物理」、「化學」的基礎知識,瞭解了硬體知識之後你還需要瞭解軟體的相關知識,這其中關係到「作業系統」、「程式設計」、「軟體應用」、「數位電子學」、「通訊」…等的相關運用,不是那麼容易就能在短短時間內打通你的任督二脈,讓你練成絕世武功的,真正一名駭客的養成,絕對是需要長時間的沉浸電腦知識學問磨練技藝及學思並重,進而發展出一種個人風格的「駭客之路」,來豐富我們的多元世界,發前人之所未醒,引領潮流帶動風潮。

當你瞭解了以上的這些相關知識之後,最後你才能真正進入網路(Network)世界的學習與運用,大量的通訊技術規範資料和前人發展出的技術學習使用及工作熟練程度與速度,都需要不短時間的培養與沉澱思考,更別提之後您可能還需要去精通「英文(English)」這門語言,才有可能追上日新月異的最新技術資料文獻的閱讀、使用與研究。

「PS:對於非英文為主流語言的技術者來說,學習電腦技術其實是有「知識屏障」的,當你的電腦技術熟練到本國語言沒有書籍或相關教學資料可以學習之後,精通英文幾乎是你取得第一手資料必需經過的一條路,因為可以說電腦裡面通用技術文件的撰寫語言都是英文居多,這是非英文系國家學習者的遺憾,誰叫「電腦(Computer)」這個東西是英文系國家發明的工具。」

　　通過以上的種種說明，我想大家對於「駭客(Hacker)」跟「破解者(Crakcer)」應該有一些基本的了解差異了吧！如果不懂，我最後再簡單的說明一下，一般所謂的駭客指的都是利用電腦技術來犯罪的破解者「Cracker」而已，並不是真正的駭客應有的修養定位，畢竟破解(Crack)的反向詞是除錯或除蟲(Debug)，並不是擁有離經叛道的特殊及怪僻詞性或稱之為「雅痞」味道的「駭客(Hacker)」。

　　由於「破壞」往往比「建設」容易，所以誰高誰低一目了然，對於一個駭客而言，他所需要學習的相關知識可是很多的，可以說電腦世界裡的知識需要「一根腸子通到底」，從能源能量的供應及硬體知識通達直到自己專精的「軟體技術」及「通訊領域」方面，必需達到完全沒有疑惑，甚至需要在現有的技術基礎上能有自己的創新發展及技術開發，至少這樣才有資格稱作「駭客(Hacker)」。

　　而相對的成為一名「破解者(Cracker)」就容易多了，他們不需要了解那麼多高深的相關知識，他們只需要去補捉設計者或使用者的漏洞(Bug)就好，而這些漏洞往往都是設計不良或使用疏忽不小心及粗心、貪婪與懶惰心理留下的可利用間隙，所以把「破解者」抬高到「駭客」這個名詞來說是有些太看得起那些「電腦犯罪者」了，畢竟設計由無到有的創造工作是很繁重的，但找人家的漏洞及沒有注意到的小細節搞破壞卻容易許多，所以兩者之間的難易程度是天差地別的。

　　破壞有多容易，舉個連 3 歲小孩都會的最簡單例子來說就好，直接提著一桶水，往運作中沒防水功能的電腦上一潑，再強的人都救不了這種幾乎致命性的破壞。甚至更簡單的只要電腦工作中去拔掉電源插頭就好，如果電腦正在執行大量繁重的讀寫工作中去搞破壞就更妙，多來個幾次的話，再強悍的作業系統(Opearting System)都受不了這種打擾正常工作的破壞。

所以現在您是不是了解到連 3 歲小孩都能成為一名了不起的「破解者」而非「駭客」的差別了。

但是不管你是「駭客」還是「破解者」首先都必須要了解「電腦」到底是什麼東西？它有著什麼樣的工作原理，什麼樣的動作方向流程，你才能輕鬆自在的達到自己想要達到的目標。而「電腦到底是「打遊戲的機器」、「算明牌的工具」、「通訊機器」或「看影片的工具」呢？！

我只能說以上皆是，目前電腦可以說除了沒有無瑕模擬「模糊邏輯的靈魂統一公式」及「自我意識」之外，其實它相當於一個工作效率極高的機器或許沒有「生化元件」完成「自我意識」之前，我們可以稱之為「工具人」。

所以在這裡我要為電腦下一個比較全方位的定義，「電腦」目前就是一種能夠「處理」與「控制」，所有能夠「邏輯數據化」檔案文件資料的一切工作機器。如果以後加上「A. I. (人工智慧)」及產生「自我意識」的話，它完全就是一個新型高效率的機器生命。

老孤從 3 歲開始起就相當迷戀於電子遊樂機器中，可以說從小打電子遊樂器打到大，當時還不知道有「電腦」這種東西，直到當年 (大概 198x 年) 286 單色電腦剛剛問世的時候 (叫價 3 萬台幣)，老孤有幸在一次的課外教學中遇上電腦資訊展覽，從此對電腦這種東西感到興趣，雖然當時的目地是為了玩電腦遊戲，但通常我所認識的電腦技術從事者他們也很愛玩遊戲。很少是真正對學問感興趣的人，通常大家都是被電腦的應用軟體程式給吸引進了電腦的技術世界裡，漸漸了解了電腦之後才會越來越入迷成魔，終究走上研究電腦技術成為駭客的這條不歸路。

　　本書寫作重點並不著重於複雜的技術細節說明與操作，而是著重於電腦的工作原理及大概的運用知識設計方向，所以讀完本書並不可能讓你直接成為一名無所不能的駭客，但是至少可以讓你對電腦的相關工作原理不再感到陌生與盲然，而會有一張電腦大致部份技術流程藍圖以及一點技術前進方向的聯想，當然這個前題是你能夠聽得懂老孤的解說，而且仔細的思考並結合你的人生經驗及知識下才能夠達成。

　　最後老孤要提醒你，就目前而言，想要成為一名真正的電腦「駭客」，你至少必需精通三種東西，一是「英文」、二是「程式設計」、三是「一套熟悉的作業系統環境操作(OS)」，英文讓你了解最新的技術資訊，另二個讓你能夠追築夢想與「創造」軟體世界方便應用的程式語言及相關工具，這樣你才能真正有機會邁入這個門檻，成為一名擁有自我品味及風格的「駭客(Hacker)」。

　　不過目前的世界潮流對駭客又細分為「白帽」與「黑帽」駭客之分，又搞光明與黑暗的那一套，我也不知該有什麼感覺了，總之所謂的「白帽駭客」通常指得都是「防御建設型」的駭客，而「黑帽駭客」指的是那些「攻擊破壞型」的駭客，再加上中立派的「灰帽駭客」，我都不知道我這種從來不喜歡戴帽的人是屬於那一種了。

　　所以呢，老孤頂多只能告訴各位讀者，「電腦犯罪者≠駭客」，而為什麼要用帽子顏色來形容「駭客」，我想是跟 20 年前的「紅帽」Red Hat Linux 作業系統所引起的開放原始碼活動風潮有關吧。(我也不是很清楚)

2021/1/1 Yuan「孤鷹」

7

「輕鬆一下」
「NEWS（心紋語）世界通用符號組成的語言」

「無盡之語(Never End Word Symbols「NEWS」)」是老孤新創的一門很像「外星文」的一種溝通語言（又叫「心紋語」），其主要的生成目地，是成為各人各國母語之外的第一使用外語，用於與非使用自己母語系的外國人士溝通使用，這樣做對大家來說都相對比較公平，也不用再考慮發展外國語言代替母語之毀滅劫難或母語壓倒外來語之龐大支出力，大家都共同來學習「NEWS 語言」溝通並且還能保持自己母語的存活於世。

目前世界上流行的前 3 大語言依序分別是「中文」、「西班牙文」、「英文」，但是即使是這前 3 名的語言，也沒有一個超出地球使用人口的 20%使用率，這說明統一語言的時代尚還言之過早，與其在其中相互捉對廝殺消滅對方，還不如大家都同學一門外來語來溝通，既不會消滅你的母語讓你背上「數典忘祖」的污名，而又方便與外籍人士溝通，促進文化交流的速度，讓大家的母語都能存活於世，也相對公平一點並尊重各國文化。

NEWS 語言是使用樂器的一個音階拆開修改成 40 個拼音並結合世界通用的40個符號所創出的一門很像外星語言的新語言，它的自稱名叫∩※∫「Ma u Si(唸:媽烏系)」，喜歡搞怪或創新溝通語言的讀者必不可錯過的一本好書，請有心加入這個新語言家庭的同好Google搜尋「無盡之語」或「9781625035073」，就可以找到相關購買網站與資料。

除了紙本書籍之外 Amazon(亞馬遜)公司也有發行 Kindle這個支援手機的 APP 電子書閱讀程式版本的「電子書」，習慣使用手機閱讀書籍的你也可以購買相對便宜的電子書來觀看學

習，期望有一天 NEWS 語言能成為每個人母語之外的第一溝通使用外語，以完成它被創造出來的使命。

www.amazon.com/author/wenyuan.wu

　　以上的這個網址是老孤在亞馬遜網站的作者網頁，順便提醒一下各位讀者，老孤所寫的 3 本書「混蒼生(Chaos Life)」、「無盡之語(Never End Word Symbols)」及這一本「駭客之路(Road to Hacker)」，是具有「思想知識連貫性」的。

　　所以你可能最好都擁有並且閱讀過，不然可能會有知識斷層，寫這 3 本書是我當初告訴那些 20 年的老網友將要創作的 3 部書，本書一經出版之後，我就完成自己當初對網友的承諾了，以後會不會再寫，完全看當時的心情而定。畢竟老孤自由自在慣了，給不了什麼負責任的承諾，重要是我的懶惰性格發作的有多嚴重。

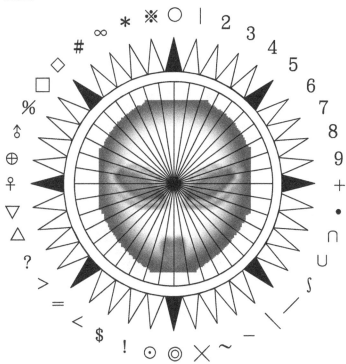

1.「電如水的基本知識」

「電」是一種電腦運作使用的能量來源，它跟「水」的特性很像，由地勢高處(電位或電壓)流向地勢低處(電位或電壓)，正電壓流向地面(接地)或負電壓(PS:這是早期電路學的假想謬處，實際在物理學上來說，是帶負電壓的電子流向帶正電壓的電洞空間之中)。

但這種早期的電學理論已經延用上百年了，所以在物理理論上只是電流方向與傳統觀念相反而已，並不影響電路電壓電流設計動作分析。(如果你左右手各自握著一條接 110V 電壓的電線，並且穿著將近絕緣體材料的鞋子，因為你身體沒有形成「高低電壓差」或完整迴路，所以理論上電流是不會流經穿過你的身體或通過腳接地傳輸，所以你是不會有觸電被電到的感覺)

在「電」的邏輯名詞學問之中，分別有：電壓電位、電流、電阻、電量…等。電壓(V)即是水壓，地位高低落差大電壓(水壓)就大(電壓電位的作用近似於地位上的一種打通關的施加壓力作用，越大電壓電位就越容易突破傳輸瓶頸障壁之類的感覺)，電流(I)就是水流(電壓電位有所落差，電流才能通行而過)，電阻(R)就是水流路線上的阻礙(例如石頭雜質淤泥塞沙之類的東西)，電流經由導體線路由「高電壓」流向「低電壓」形成電流路線迴路(有出有入)。

如果導體的另外一方是「斷路」則不會有電流流過(沒出路「電」還去做什麼)，如果有別條線路路線電阻小到幾乎是零的線路，整個電路就會形成所謂的「短路(Short)」，電流都會流經短路的路線而不會流經電阻相差太大的正常工作路線(而短路的元件或地方，就要承載高能量的流通，所以有可能發熱…等，負載承受不了這麼高能量的負重而發高溫進而燒毀)。

所以您所設計的電子電路元件佈局圖，除了工作「正電壓（接向電源的正極）」的輸入處外，還另外需要有「接地處 0V（接向電源的負極）」所以整個電子電路就會形成一個「封閉的迴圈」，否則整個電路就不會正常的工作，而最後電量(Q)就等於水源總能量（如果是電池類的供電元件，並不是有無限電量可提供揮霍的環境）。

「電」在導電體內傳輸的速度趨近於所謂的光速（光速速度傳說是 1 秒＝3×10^8 公尺＝30 萬公里/1 秒的速度（據說可繞地球 7 圈半），但是「電」傳輸的速度並沒有達到光速「因為有傳輸介質阻抗的因素，及可能電流電量不足以漫灌而過因素之類的原因」，畢竟不是「超導體」做為傳輸連結介質）。

基本上「電」分為「交流電(AC)」與「直流電(DC)」兩種，一般發電廠發電生產出來的電，經過變壓傳輸「有所謂的(變壓器將電壓變大或變小)以符合你的使用範圍」到你家來使用的電都是屬於「交流電」，交流電其電壓正負極性會隨時間依頻率不斷的變化，由於交流電比直流電方便變壓傳輸的使用下，台灣市面上家用插頭的「電」，通常都是屬於交流電，它的頻率是「60HZ(赫芝)」(PS：一秒鐘會產生 60 個完整週期波)，交流電波形如下圖所示：

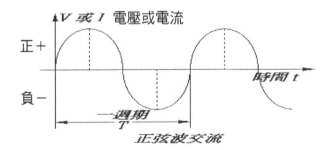

直流電（DC）波形則是從頭到尾正負電極性不變，其波形如下圖所示：

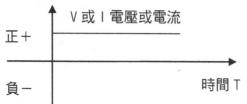

電壓在電路上的縮寫是 V 單位是（V 伏特），電流的縮寫是 I 單位是（A 安培），電阻的縮寫是 R 單位是（Ω歐姆），電量的縮寫是 C（庫侖），電壓、電流和電阻他們的公式關係是：V = I ✕ R（歐姆定律）。

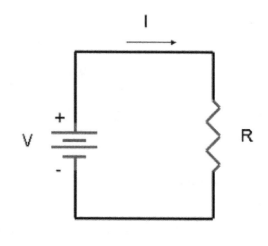

至於其他的電學相關專有名詞及運用，由於一般如果不設計電子電路的人很少會使用到，所以在這裡就不介紹了，如果有興趣的讀者可以自行去研究「電學」。

「交流電」與「直流電」彼此之間是可以通過「電子電路」進行轉換使用的，從「交流電」轉換成「直流電」，需要經過 3 個轉換工作的步驟才能得到穩定的直流電壓電源，這 3 個電子電路步驟順序依序是 1 整流、2 濾波、3 穩壓。

由於老孤上學時使用的幾乎都是「交流電」變「直流電」來做使用設計電子電路，所以「直流電」變「交流電」就沒什麼研究，這方面讀者需要自行去進修。（因為交流電的正負極性

會隨時間變化,這樣正負極性變動的電流來源,對電子電路設計來說工作環境就會變得相當複雜難搞,所以一般都是使用直流電在設計電子電路。)

　　「整流」是利用電子元件「橋式整流子」(由四個「二極體」組成的元件)將交流電波朝同一極性整流,整流後出來的電源波形就會由正常的交流電波圖「整流」形成下圖:

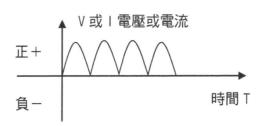

　　「整流」之後的動作就是利用電子元件「電容」(阻直流通交流)會充電放電的特性。(下圖是各種電容在電路上的符號)

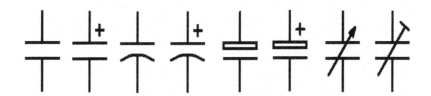

　　來作「濾波」的動作將電源輸出正弦波形落差進一步縮小成下方圖形所示:(隨時間上升波面為電容充電,緩降波面為放電)

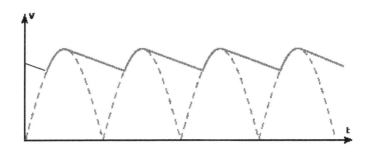

完成「濾波」動作之後就是最後利用電子元件「稽納二極體」來穩定輸出的電壓成直流電壓電源輸出，完成「交流電」轉換「直流電」的簡易電子電路設計。(老孤猶記得「稽納二極體」好像要反相使用才能完成正常的「穩壓」工作，這方面各位讀者需要上「維基百科(zh.wikipdia.org)」確認一下)

以上所有的內容就是老孤 20 多年前上高職時的電學知識，希望對各位讀者有所幫助，由於本書並非正統教授「電學」及「電子學」的書籍，所以這方面的相關知識並不深，如果讀者您對硬體電子電路設計有興趣想朝這方面發展的話，請自行去讀「電學」及「電子學」的書籍。

說實話老孤實在是愛莫能助，因為我對這種玩電烙鐵焊接電路板設計硬體的工作不是很感興趣，所以並沒有很深入的研究過這方面的知識，這些都只是將近 30 年前的相關知識而已，也說不定早就有所進步發展了，所以大家聽聽有個印象就可以了，但是電學的基本原理希望讀者能夠牢記在心，因為這也是成為一名駭客必需擁有的基礎知識之一。

(PS:「電壓」、「電流」與「電量」就好像武俠小說寫的「外功」、「內功」與「內氣數量」的功能一樣，高電壓就很像大力外功一樣，擊中你的話會很痛，但其實對你造成的傷害並不一定會很大，而真正傷害你的是像「內功」一樣的「電流」與「電量」，電流流經你的身體所夾帶的「電量」會讓你發熱，流量大一點的話就有一種穌麻無力感，再大一點的話就會讓你神經麻痺渾身發抖失去行為能力，最後身體所醞含的正負電子能量變質產生類似化學變化的功能，造成很大的傷害甚至死亡。)

「高壓電」配上「低電流」就是拷問神器「電擊」的組成，所以如果想要舒服弄死一個人的電椅設計，那就應該朝「低電

壓、高電流、低阻抗」的方向設計發展），不過我估計也不能舒服到哪裡去，畢竟那是在奪走一條生命而不是在野餐烤肉。

而且 V ＝ I ╳ R 的公式下這種違背歐姆定律公式的方式，應該也不太可能成功，除非這條公式被証明不再是「定律」這種至高無上的科學定位，當然因為我也不是電學專家，所以這方面的狂想各位讀者聽聽就算了，不要往心裡去。

至於「直流電轉交流電」就是傳說中的「LC 震盪電路」來做了，L=電感、C=電容，兩個元件組成的電路如下圖所示：

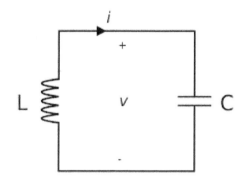

如左圖所示的 LC 震盪電路所示初始狀態，（物理學上）「自由電子」由負極（下方 C 電容裡）通過導體線路流向「正極電洞」（上方電容裡），途中會經過「電感(L)」元件，然後會產生「安培右手法」則電能經電感(L)線圈會產生磁力線，然後由於通過「電感線圈」的自由電子的增多，磁力線越來越強進而阻礙自由電子通過電感，直到頂峰電感磁力最強的時候就再也不會有電子流經電感。

直到電子游離產生的磁力減弱，這時候負極接線端的自由電子，漸漸中和填補電容上方正極的「電洞」，直到電容飽和上方電容內充滿了「負極自由電子」，而下方電容內因為帶負電的自由電子的放電游離，漸漸變成帶正電的殘留「電洞」空間，這時候電容內的帶正負電極性則相反過來了，就會重新回到之

前「自由電子」通過導電線路流經電感(L)，再度中和下方電容裡的「帶正電的電洞」。

重覆著原本的過程，如此反覆直到沒電為止(所以其實「電容(C)」這種電子元件也可視作為一種小型的「電池」)，假設電子游離及回充形成折返跑的動作一趟過程需要 0.02 秒，那麼 1 秒鐘就是產生 50 個週期波，也就是 50HZ(赫芝)的交流電頻率了，這就是簡單的「直流變交流」的電路轉換。

以上就是所謂的「基本電學」的常識範圍之內的學問，如果你是電學的專業人士，請恕老孤聒噪了這麼久您已經知道的學問，老孤寫作都是假設對方是一無所知的人，也就是把讀者當成小孩子在哄，如果有冒犯之處敬請海涵原諒，接下來的章節就開始進入電腦世界的知識講解。

2.「電腦世界運作的基本藍圖」

　　如果再加上供應電腦運作「能源」來源的產生、再生、循環以及使用研究之後的話，整個電腦世界的知識技術研究大概可以依照它們的性質分成五大類四大項來研究，這五大類分別為「能源(Energy)」、「硬體（Hardware）」、「韌體(Firmware)」、「軟體(Software)」及「網路(Network)」，另外四大項目就是電子學裡面提到的 4C 目標，分別為「元件(Componect)」、「控制(Control)」、「通訊(Communication)」及「計算(Compute)」。這所謂的 4C 發展方向前進，但是最終目標我想是一顆包含所有 5 大類 4 大項功能的晶片會統一這些所有的功能，而又微小的像顆高爾夫球(Golf Ball)，可能原本球上的凹槽都變成「各種介面接孔」的一台球型主機。

能源(Energy)

　　首先我們先來講講能源吧，由於「人性本動(請參考「混蒼生(Chaos Life)」本質的關係，所以取得「能量來源」的「研究」、「開發」、「使用」與「循環轉換」之間的種種知識學問，大概是我們這些從事其中的科學技藝工作者一生都需要投入的終生事業，畢竟我們都需要相關「能量來源」應用以此來作為依靠並且持續不斷維系我們的生存。

　　幸而先賢愛因斯坦將其相對論的數學公式導引出來，那就是傳說中的 $E=MC^2$ 公式，其中 E=能量、M=質量、C=光速 所以 $C^2=$光速平方=光面積，這個公式的出產之後，我們可以了解不少東西，其中最重要的一個觀念就是能量與質量之間，最終的目地是在追求互相之間的轉換存在，這樣才能符合「質量守恆」這個很久以前就已經被先輩們提出來的一個「科學定律」。

　　不過起碼速度要達到超過「光速」以後我們才能了解，到

底當時的質量會變成能量，還是漸漸消散在虛空之中，這必須達到光速之後才能肯定，不過如果真的超過光速的話，在邏輯理論上我們根本是看不見的，因為我們眼睛最多只能觀察到光速而已，超過光速的東西，邏輯理論上我們是看不見得，可能需要「視覺」以外的其它感覺來感應到。「請參閱老孤「混蒼生(Chaos Life)」一書中的十感論這一篇文章。

從遠古自有人類開始，我們的祖祖輩輩都一直在面對大自然的各種現象，企圖從大自然身上學習模彷知識學問，並從中得到更加強大的自主權力，以改善我們的生活，讓我們朝自己的夢想出發，甚至可能欲望過剩之下企圖逆天改命的去挑戰大自然的階層地位。

自從人類祖先發現使用「火焰」作為生活工具來求生，以及對抗自然界強大的「弱肉強食」真理，從此點燃了「各種文明」知識學問發展的火花，以幫助自己的族群擺脫惡劣的遠古生存環境，並且不斷的改善我們人類的生存環境以來，我們文明的進步從此就與「能源」結下了各種的不解之緣。

目前「能量來源」大致可以歸類為「天然能源」與「人造能源」兩大種類來看，基於老孤集目前畢生所學所思總合所著作而成的「混蒼生（Chaos Life）」ISBN：9781625034038。一書裡面提及到的各方面思想來看，我們大概可以將目前所知分為「天然與人工」兩方面及「元件、控制、通訊、計算」四個部份的發展層次。

正向、逆向、平衡、循環、跳躍、順序、輪轉、混沌運動、蝴蝶效應…等，各種方法來連結整理的綜合圖形如下所示，其圖中的「雙箭頭」所代表的意思是「能源」中的「勢能(位能)」與「動能」彼此之間相互通過「傳導、對流、幅射」三大種類的相關傳播方式互為平衡循環轉換以維持「質量守恆」定律的

原則,來達到能源永恆循環的可能性。

　　請各位有興趣朝各種「能源」發展方向參一腳的研究開發讀者自行去鑽研「數學」、「物理」與「化學」的所謂「聲」、「光」、「熱」、「電」、「磁」、「核」各式各樣深入的「能量」表現方式資料,由於老孤在這方面也不是什麼專門從事研究的人材,所以也就不在這裡賣文弄藝了,請各位讀者自行去了解吸收。

硬體(Hardware)

　　在這裡老孤所謂的「硬體」,基本上就是所有你可以看到的電腦各種有形元件物體,利用目前存在於世的各種知識學問形成的「電子電路」相對映生產而出的各種零組件,組合而成的各類電腦元件、配件與物件,所有看得到摸得著的東西都算在「硬體」的包括範圍之內。

　　對「電腦」來說最完美的硬體達成之條件,應該是一種集合各種最高深的科學知識學問所聚合而成的一種融合含有「天然與人工」合併並可「注入靈魂」的「硬體生物物件」或稱「活

生生的生化物件」，以目前科學追求的終極知識學問目標來看，或許是一種可以達成「混蒼生(Chaos Life)」裡面「十感論」中提到的擁有「第十感顯靈」能力的人體。

話說到這裡我就有一點想要吐草那些無視「自然之神」存在的傲慢科學家了，你爸跟你媽早就生產出來了這種物件，因為這個「物件」就是各位讀者你，你的父母通過一點儀式性的結合，再加上一點點的肉體愉悅運動在有一點「機緣巧合」之下，造成你被受孕成功經過十個月的努力醞養之後，你就生產而出來到這個人世間了。

你還在拋妻棄子投入研究科學技藝知識，去學習怎麼用無性製造這種生物物件，那麼努力去致力於科學研究做什麼，大家都是成年人了，找個對象自己學學「愛情動作片」裡面教導的功夫，做一點「運動」如果幸運的話加上天天悠哉遊哉的過活，沒意外成份發生的話，一年之內你就有本事造出一個接近「完美的硬體」物件出來，所以這種「生化造物學」科技是自古以來我們活生生的本能行為。

根本不值得我們花那麼多時間致力於入魔般的去求取知識學問，反而忽略了我們本身就存在的「無限價值」，汲汲營營於功名利祿的追求，反而忽略了好好生活的目標，簡直就是本末倒置不知所謂的為活而活。

這種功利性的科學研發原本的目地就是希望能改善我們的世界讓我們過得更好，而一些過於執著的科學工作研究者，反而忘了好好生活才是我們的目標，而不是致力於拼命研究那種無謂的技藝追逐於世俗價值的名利，最後活生生的搞死自己，一切的一切又是何苦呢！

還不如好好去研究科學如何「修道練氣」如何才能達到「練

精化氣、練氣化神、練神還虛、練虛合道」的最高目標，打造好自己的完美肉體追求「第十感」顯靈境界的修練才是一切禍亂的根治之道。

至於目前所謂的科學技藝研究，不過就是過眼雲煙，有也好沒有也無所謂，沒有那麼必要去執著，過得「爽」才是人生唯一的目地，其餘的一切不過是「休閒娛樂」排遣消磨時光的東西罷了，不值得你去浪費生命有限的光陰成就這種短暫愉悅的快感目標，這是老孤我這個入魔求道過來人給你的一點良心建議不另外收費你就該偷笑了，當然怎麼選擇過生活那就是你的自由，我也沒有什麼置喙的餘地。

以目前的科學角度來看，最接近本書追求的「硬體」定義的東西，就是電腦核心晶片中央處理單元也就是俗稱的 CPU「Center Process Unit」晶片，最終目標就是設計一款擁有「越小越多功能的元件」、「越安全精準的控制」、「越廣泛多元方式的無線通訊」、「越龐大數據方便快速的各類運算」總集合而成的「晶片」，才是「硬體」設計工作者汲汲營營努力的目標方向。

各種各樣設計思想集合而成的各種類晶片的研究開發，最終我相信都會回歸到最基本的「自我」、「思想」、「意識」、「邏輯」，的大方向研究回來，然後交給使用大眾自己去選擇自己的需要及目標，而不是塑造出「統一單一」不變的「靈魂公式」，「多元變化」是自然的本質、「統一單元」是人為的選擇，為了選擇而違背自然的本質，可能是要付出極大代價的，尤其是不止你一個人需要買單，其餘眾人的命運也可能拿來一起付帳。

想要開發比較先進的技術，我想「語言」、「數學」、「物理」、「化學」這四科的知識學問不能跟不上時代，所以請有心研究更高級的「新創」技術者，除了本身需要一些「哲學」功力之外，最重要的是要整合「語言」、「數學」、「物理」、「化學」這

四科的精英學者來共同研究開發，如果老孤所提到的東西，你都不精通，可能您就與這類研究工作絕緣居多，基礎有多紮實決定你能飛往多高的高度，願以此心得與各位讀者共勉之。

韌體(Firmware)

這裡所謂的「韌體」指的是可讀、可寫、可清除、可覆蓋、可反覆無限次使用的可程式化鑲嵌進「硬體」內儲存的「軟硬合一」的載體，而一般的「韌體」指的是硬體內部的「軟體程式」，這類軟體程式的寫作最好是以「機器碼」來工作（因為工作效率最高，所造成的機器冗碼最少，最有執行效率）。

其次是根據硬體延伸設計生產廠商提供的電路功能指令集，進而設計出來的「組合語言」組譯而成的機器碼來執行，他們寫成的越短小精幹的「無冗碼程式碼」最適合嵌入式硬體，因為硬體之上的「軟體空間」可以說是「寸土寸金」太過貴重，所以嵌入式「韌體」程式需要的設計環境條件會相對比較「苛刻」，薪水不給的比「軟體程式設計師」多一點實在是說不過去。

要知道越接近「硬體」層面的「程式設計」環境知識條件就越硬及限制發展條件越多越臣服於現實的科技水準發展，所以「硬體電子電路設計師」是最勞累的一份工作，他們如果沒有工作團隊分配方方面面的部份工作，「爆肝」簡直就是家常便飯一樣的日常。

而且從事硬體設計工作可以說是相當「枯躁乏味（至少對我來說是這樣）」成本最高，實際科學知識上需要涉獵的學問方面可說是最為令人咋舌。（不像軟體開發，只需要腦袋靈光一閃，加上程式語言的操作實驗就能模擬執行，在硬體可以支援之下，通常都能自由作夢發功，不用太理會其他條件）

　　對「老孤」來說可以說越接近低階的「硬體」設計工作越無聊勞累沒什麼興趣，或許是天性使然也或者是高職工業學校實習課程時期，已經被三年設計並實做「電子電路」的學習課程給嚇怕了，雖然手工打造電子電路板時代已經一去不復返，但是高職時代留下的心理陰影還在，每每都是我午夜夢魘的元素材料之一，只要稍微想想光是面對那些無止盡做著焊接電路板的工作就想裝死了事。

　　如果說「硬體」的最終目標是打造出一顆擁有完美 4C 功能的 CPU 晶片，而「韌體」的目標就是打造出「軟體硬體合一」最適合任何地方做各種嵌入式裝置的可攜性最佳、速度最快、萬能的物件導向化 OOP(Object-oriented programming)表現的晶片，當然這也是「韌體」最終追求的目標，現在離那個程度的時代還相當遠，因為如果這種東西都造得出來，我們就能創造另一個時代了。

　　以目前市面上的「韌體」而言，主要分幾個種類，各有各的功能及用處，有興趣的讀者可以上「維基百科(zh.wikipedia.org)」自行查閱相關的「韌體」說明，老孤在這裡就不太廢話了，畢竟篇幅有限不能浪費，所以那些網路上可以查閱到的資料，我就不一一列舉了，畢竟本書也不是專門蒐集資料的書籍。

軟體(Software)

　　老孤在這裡所指的「軟體」，其實宏觀的定義就是「程式設計師」或「電腦使用者」利用各種「硬體環境」許可之下的「能源供應器(Energy Supply)」及「電路連接線」或方便的「程式語言(Programming Language)」、「系統軟體(System Software)」、「應用軟體(Application Software)」。

　　然後在各層級環境設計的可能下，依照那些生產廠商對外公佈的「硬體供應」設計條件標準、技術規範、遵照依循去灌注輸入而附著、附身或寄宿在「硬體」軀殼之內的「靈魂」、「意識」、「思想」、「資料」與「數據」的總體展現，簡而言之「軟體」就是創造或使用「硬體身軀」的一道「靈魂」。

　　「電腦使用者」通過使用「軟體」來展現和表達電腦的多種各式各樣的「輸入與輸出(I/O)」功能，並且可以轉換成各種與外界溝通的交流媒介，「軟硬體合一」操控著整台電腦機器的一切行為。「當然這裡是指電腦沒有感染中毒(Virus)、暗藏木馬被潛伏或程式設計有瑕疵漏洞(Bug)情況之下的正常工作」

　　目前軟體世界的發展應該可能大致區分為五大類，分別是「程式語言」、「系統軟體」、「應用軟體」、「其它功能軟體」及「網路軟體應用」，各有各的工作環境及設計功能目標，「資料檔案數據」是電腦機器的全部「靈魂」，其中「資料檔案數據」往往比「軟體檔案數據」來的重要，因為前者遺失那可是一朝心血全毀於一旦了，可是相對於其它「系統軟體」「應用軟體」…等的「檔案數據」則因為它們通常都是打包發行於世界或網路上，是可以重新複製、裝載和安裝運作的，所以孰輕孰重觀者自知。

　　「軟體」最簡而言之的形容就是「硬體載體之內暗藏的靈魂」，能用各種資料數據形成的檔案來「操作及使用」電腦硬體電子元件，電路設計而出及支援的一切零件功能形成的「檔案或文件」。

　　「軟體」最基本的組成是「資料」或「數據」形成的「檔案」及「文件」，甚至可能是各種大小、容量和格式不同的「檔案文件」，當然也可能是整理組合而成的各種「目錄及資料夾」呈象可見的儲存在你的電腦儲存媒體之內，或者是各種可以裝

載「數據」或「資料」的載體載具之中。

而各種大小格式不一定相同的「檔案文件」的形成是來自各種設計而出的技術文件與格式規範的「資料或數據」，並不是單單只是一個「副檔名」的名稱就決定了正確檔案文件格式可以矇混過去。

(PS：所以千萬別天真的以為將一個檔案副檔名改成 EXE 或 COM 就能直接執行，各種檔案格式的設計定義是需要實際檔案文件「數據」內容來判斷檔案種類以及相關軟體才能解讀並且執行編輯相關運用工作。早期可能會出現這種烏龍漏洞，但現在是 21 世紀，所以這通常不太可能這麼簡單達到目地)。

而「資料與數據」的來源就是「硬體」資料線路提供的各種「電壓電流」形成的各種形狀「數位或類比脈波」，0 代表沒電、1 代表有電(當然也可能是相反的定義，這只是一種傳統的解說習慣)，各種「資料排線」每一刻每一單位時間形成的「2進位(Binrary)」數位電壓電流排列組合而成的「機器碼」形成「資料數據」海，利用這些「數位數據」提供的電壓電流的能源流通在電腦硬體的大地上，各種硬體載體或管線之中形成相對應的正常「開關、切換、控制、通訊、計算、輸入、輸出及顯示儲存…等」功能的工作，形成各式各樣的電腦功能。

由於 2 進位數據資料並不方便容易解讀而且冗長，所以早期電腦「使用者」們利用軟體計算功能，轉換成各種相對應縮短易讀的「16 進位碼(Hex)」符號儲存在載體或顯示媒體之上，才形成目前世界常見的 16 進位碼 0、1、2、3、4、5、6、7、8、9、A(10)、B(11)、C(12)、D(13)、E(14)、F(15)，這就是「軟體的各種真相及功能」。

網路(Network)

　　最後讓我們來談談所謂的「網路(Network)」吧,「網路」故名思義就是由兩台以上的電腦所組成的互相通聯結合工作所形成的電腦網路生態圈,經由各種輸入與輸出(Input/Output「以後簡稱 I/O」)網路介面卡(Network Adapter)或裝置(Device),透過各種材料的連接線(BNC 接頭電纜、雙絞線、電話線…等)或者「無線通訊技術(Wireless)」將彼此牽連在一起形成一個小型的工作團隊,彼此分享使用或傳輸電腦資料檔案達到共享資源的目地。

　　在老孤剛學會上網的那時候網路還不普及,一般來說只有政府公家機關和大專院校等學術單位或大型商業公司,才有所謂的「網路專線」用來連上網際網路(Internet),當我開始學習網路知識之時,聽得最多的名詞是「本地網路 LAN(Local Area Network)以及廣域網路 WAN(Wide Area Network)」用來形容當時所謂的網路生態。

　　「題外話:後來也不知道基於什麼原因當了2年兵退伍之後市面上又改變稱呼變成使用 Intranet 跟 Internet 的形容詞盛行的局面,我也搞不懂它們為什麼要改變這種無任何新技術純粹為了耍帥而創新的名詞,或許是當時 I 這個字母很紅吧,尤其是當時的電腦工作者習慣使用 IT(Information Technology 資訊技術)這個專有名詞來滿足定位自己的職業稱呼。」

　　可是當時的我只有 15 歲又沒有那麼專業的網路教學環境,我們學校那時候還在教那些我沒有什麼興趣學習的硬體電子電路課程,而我是衝著學習軟體程式設計才選擇來這間學校上學,可想而知我那個時候日子過得有多悲哀催淚,明明是衝著學習怎麼搞軟體才選擇就讀的「資訊科」,偏偏它的軟體課程必需等到二年級才開始有機會去接觸。

　　新生入學的一年學習時間裡,學生是摸不到任何鍵盤或電

腦的課程，一切從基礎的知識學起，先從了解電子電路及玩轉電烙鐵的實習課程學起吧。

所以當時老孤只能靠自己摸索自己學習網路的相關知識來長進的我，怎麼可能搞得懂這麼多的名詞及專業知識，直到多年後的今天我才因為殘存的強烈痛苦記憶力，漸漸回想起當時種種的一切，才慢慢消化吸收當時東摸西索雜七雜八的相關知識與技術、方法。

猶記得我的第一台通過電話線來連線上網(Dial Up)的魔電數據機(Modem)是一台 9600bps 速度(每秒傳輸 9600bits 速度)的數據機，當時已經是 1992 年市面上可買得到的最新產品，叫價 2 萬多台幣。當時市面上大眾最普遍使用的數據機還停留在 2400bps 的時代，甚至 300bps 的數據機還沒有完全淘汰，仍然充滿了當時的電話網路世界。

好了！古老的黃曆掰完也該翻過這頁了，現在開始進入正題，想要深入了解學習網路相關知識，首先你可能需要去「維基百科」吸收一下所謂的七層結構的資料去想通想透，它又稱「開放式系統互聯模型」簡稱 OSI 模型(Open System Interconnection Model)，簡單的解釋一下它的功能就是規範電腦與電腦之間的傳輸架構運作模型來讓大家遵守的規範，才能依照規範發展達到彼此相容通訊訊號定義的架構目地。

不然大家使用不一樣的「通訊協定 (Protocol)」而不使用相同的規範協定，可以想像「網路線」中充斥著各式各樣通訊協定的規範電波，變成你唱你的歌、我拉我的調，雙方一個說英文，一個說中文，還怎麼相互溝通傳達相同「通訊協定」的訊號，所以說所謂的通訊協定其實就是網路內要用什麼格式與方法，去 I/O 各種收/發到的類比或數位訊號形成的電壓電流波

形,怎麼去處理這些在網路上收/發到的訊號電波,所以最好大家同用一種傳輸協定才能達到通訊的目地。

不過也因為早期的網路沒有發達散佈到全球,所以各廠商都是各自在自己的小網路生態圈發展各種他們認為最適合最利於流行於世的通訊協定,最終還是那句老話決定了答案,「消費者是上帝」及「棍棒打不倒經濟規律」,互相鯨吞蠶食之後最後被主流市場所接受的通訊協定 TCP/IP 的配合使用方式,佔據了幾乎整個「網際網路(Internet)」。

(PS:不過請各位讀者千萬別以為 TCP/IP 就佔據了整個網路世界,因為各種需求的關係使然,並不是全球網路都使用同一通訊協定來互相連線使用的,還是會有一些「特殊目地存在」的通訊協定。TCP/IP 只是佔據了大宗市場的主流通訊協定而已,這一點各位讀者一定要有一個清楚的認知,TCP/IP 只是網際網路上比較多人使用的通訊協定,但它不是唯一的通訊協定。)

而且 OSI 這個模型的設計是屬於理論上的模型,世面上實際應用使用或開發設計的廠商不見得會完全買帳,畢竟消費者才是真正的大肥羊,規範是這麼規範,但是實際使用上會不會去實做這個模型是要靠其他人的支持的,不然沒人力沒資源去開發相關的應用設計功能而沒有相對應的市場不是很吃虧嗎?所以各位讀者只需要知道有這個模型的規範就好,不一定會遵守居多,主要是根據市場的需要及走向才能帶動完成這個模型的規範。

在我們那個年代,由於網路還沒有那麼相對成熟與發達,比較流行所謂的簡化而出的四層結構,活生生的簡化了 OSI。不過目前網路時代已經快要達到巔峰了,OSI 模型應該已經漸漸的充實起來了,老孤在這裡就不解釋所謂的 OSI 模型了,一切的資料都在「維基百科」,想要深入了解它相關資料者請自行去參

閱學習，再去發揮你的主意(Idea)。

（這裡的網路知識只是稍微簡介一下它們的存在與目標及原理，所以並沒有說的那麼詳細，只是給各位讀者灌一些雞湯補一下腦，畢竟這裡只是簡單介紹的篇幅，我們還沒進入到本書的主題）。

2-0「電腦硬體組成元件的介紹」

電腦的創造發明跟「半導體」的發明息息相關，半導體就是一種導電率介於「導體(導電性良好)」與「絕緣體(將近不導電)」之間的物質(相對的「超導體」就是一種 0 阻抗的傳輸材料，0 阻抗就不會有「能量傳輸衰減」，使用能量的傳輸可以更加無遠弗屆)，所以可以說「半導體」其實就是一種「切換開關(Toggle)」而已。

以前老孤上學所學的課本提到的「半導體」材料是化學元素「矽(Si)」或「鍺(Ge)」來參雜其他「雜質」而成，多出自由帶正電電洞的「P型半導體」或者多出自由帶負電電子的「N型半導體」，至於取名 P 跟 N 是不是來源於「Positive(正)」與「Negative(負)」就不得而知了，儘管這很有可能是這麼命名的原因。

再來就有人利用「P型半導體」與「N型半導體」結合組合形成「PN二極體」成為半導體元件，「二極體」設計理想就是擁有「順向輸入電壓 0 電阻（短路）」、「逆向輸入電壓無限電阻（斷路）」的一種類似利用電壓電流來自動控制「開（On）/關（Off）」的動作來控制電流走向及流向的元件，用以實現所謂的「邏輯」產生的被動接受的「動作」或主動「選擇」的過程。

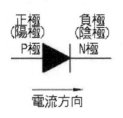

正極 (陽極)　　負極 (陰極)

P極　　N極

電流方向

可以用於切換電流流向及整流工作（橋式整流子就是 4 個二極體組合而成），而且 PN 二極體的接合面區域在順向電壓輸入時會有所謂的「障壁電位」，也就是需要輸入高於「障壁電位」的工作電壓它才能夠導通，其中我記得「矽質二極體是 0.7V」而「鍺質二極體是 0.3V」。（又是一個 3/7 的分界線數據），上面就是二極體的電路設計圖代表符號。

上面這種二極體只是最基本的二極體，人們還利用二極體的種種特性及工作現象，發明了不少種類功能的二極體，這方面的相關資料各位可以上「維基百科(zh.wikipedia.org)」搜索「二極體」就能找到各式各樣功能的「二極體」，老孤在這裡就不加贅述了，有興趣的讀者請自行研究。

再來繼續按照「二極體」的發明理念，人們又發明了「PNP」、「NPN」三支電路接腳的三極體元件或稱為「電晶體」（在還沒發明「電晶體」之前都是使用「陰極射線真空管」來達到相應的功能，差別就是電晶體的體積更加小，二者雖然功能相近，但是還是有著些許差異的優缺點），基本的「電晶體」有 3 個接腳，分別為 B 極「基極」、C 極「集極」、E 極「射極」其相關結構及電路圖符號如下所示：

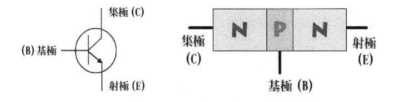

集極 (C)

(B) 基極

射極 (E)

集極 (C)　　N P N　　射極 (E)

基極 (B)

「電晶體」可以用於「放大」、「開關」、「穩壓」、「訊號調變(通訊)」和許多其他功能，由於本書並不是專門的「電子學」

教學書，所以老孤就不再多說，當然「電晶體」也因為時間的關係有不少種類的「電晶體」發明，這方面請各位讀者自行上「維基百科」去查看「電晶體」相關資料就能夠進一步的了解。

基本上「電晶體」的電路使用分為三種，共基極電路（CB），共集極電路（CC），共射極電路（CE）都有它的相關作用，有興趣研究高深「電子學」的讀者自己再去了解。

還有一種叫做「場效應電晶體(FET)」的東西跟傳統「雙極性(BJC)電晶體」不一樣設計的「電晶體」，甚至以前上學的時候還有所謂的「PNPN」四極體之類的東西，不知道是不是還存在這個世界上。

老孤個人其實是很討厭學習枯躁無味的「電子電路」的硬體設計工作，畢竟拿著「電烙鐵」玩電路板焊接的工作，不但會有焊錫這種產生污染空氣的廢氣生成，且有害身體的臭味空氣吸入過多的話，對身體健康沒有什麼好處。

而且電烙鐵一個操作不好還會不小心燙傷自己，完全就是需要不斷操練技巧的工作，不適合我這種好逸惡勞的天性，所以我就不太想練深這門技巧，況且這個時代的電子元件越來越精細，我很懷疑以後高科技的產品能不能純手工打造出來，我想以現代的科技技術來說，人為操作的空間會逐漸減少，甚至會消失改由機器來操作，甚至目前還有所謂的「無人工廠」的出現，在在顯示電烙鐵消失的時代不遠了。

再來半導體元件就進入了模組化整合發明了「積體電路（Integrated Circuit 以後簡稱 IC）」，將某些穩定的電子元件、線路及半導體元件組合封裝成各式各樣的「邏輯功能閘(AND、OR、XOR、NOT、NAND、BUFF…請自行查閱(維基百科)搜尋(邏輯閘)」或「其他功能」封裝入小型的晶片當中。

　　並將其內含電路的各個接腳延伸於封裝外形成「IC 針腳(Pin)」並依照各式各樣的功能給予它一個廠牌編號名稱，附有說明文件說明各接腳所應該「輸入(Input)或輸出(Output)的東西，以後簡稱(I/O)」。

　　什麼功能之用途，各種不同的 IC 都有它設計的工作電壓，老孤以前上學的時候使用的是 TTL IC，工作電壓是 DC 5V，現在可能已經不需要這麼高的直流電壓了(這是屬於「數位電子學」的課程)。

　　所以如果 IC 的接腳越多，相對它的內含電子元件就多，功能也就越複雜高級，電腦核心 CPU(Center Process Unit)晶片就是一種擁有幾百上千隻接腳功能的 IC 晶片。

　　眾多通用 IC 當中有一顆 IC 老孤要在這裡特別介紹一下，那就是「NE555」又叫「555 計時器」，它的外形模樣及接腳功能相關說明「維基百科」都查得到，想詳細了解這顆 IC 的讀者可自行查閱。

　　而在這裡老孤要說的是它在電腦裡面的作用相當於「時脈方波產生器(以後簡稱：脈波)」，它的輸出接腳通常都要連接到其他 IC 的 CLK 脈波功能接腳的「輸入接腳」，以「計時器 IC」輸出來的脈波來振盪觸發其他功能 IC，進而讓別的 IC 產生相對應的設計功能。PS：CLK=Clock 時脈方波的縮寫(通常產生脈波振盪頻率根據的是輸入能源，還是電路設計我也不清楚所以也就沒有特別研究，不過或許是看各種設計電子電路的需要而去實作，沒有統一的標準在內)。

　　通常一個 Clock 等同於一個脈波指令觸發，TTL IC 因為直流電壓 5V 的脈波輸入，而為 IC 內部的觸發電路作功提供直流能源電壓，而且整個 IC 必須在電壓脈波充壓能量提供時間內也

就是脈波高壓消失之前，執行完整個 IC 電路的(I/O)工作，所以一般電壓能源輸入的頻率多少，就代表著 1 秒鐘執行多少個指令。

當然可能也會有 1 個 Clock 之內執行不完的指令動作，這時候就可能需要特別的 IC 電路設計來達成多個脈波(Clocks)，完成一個指令的 IC 電路功能要求。

但這不是絕對，因為電路功能的不同，現在也不一定是使用這個編號的 IC 了，但是老孤在這裡想說的是它產生「時間脈波(以後簡稱：時脈)」的概念，讓其它 IC 可以使用不同的方波波形切換開關(Toggle)0 與 1(0 沒電壓及 1 有電壓「這不是絕對，有些 IC 正負工作極性是相反」，還有所謂的正緣觸發「上升邊緣」跟負緣觸發「下降邊緣」)的 2 進位的數位工作概念，以下就是一個簡單的時脈波形圖。

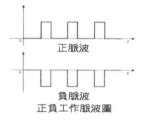

正脈波

負脈波
正負工作脈波圖

因為 IC 是需要脈波來「開(On)/關(Off)」輸入的電壓來工作，電腦 IC 晶片本身就是電子元件組成，所以它們只有兩種狀態，那就是工作(On)跟停止(Off)，因此就需要藉由脈波電壓的輸入來決定什麼時候是 0(沒電)什麼時候是 1(有電)，所謂的電子電路設計就是利用電子元件產生千變萬化的電壓脈波波形來作為「數據」輸入，並且靠 CLK 震盪觸發 IC 使電腦產生各式各樣的工作結果，由 IC 的輸出接腳連接到傳輸管道上。

所以電腦因為自己本身電子結構的關係只認識 2 進位數制(Binrary)，它只會隨著輸入的電壓波形來做各種開關(Toggle)/輸入(Input)/輸出(Output)形成的 3C 功能工作(控制、通訊、計算)，所謂的電子電路設計，就是用各種電子元件來設計各式各樣的功能發揮及創新技術。

　　而軟體(Software)的「程式語言(Programming)」設計工作，就是寫出一個「組合語言(Assembly Language)」組譯器或其它高階語言寫出的「編譯器(Compiler)」，將各種我們設計的語言指令翻譯成 2 進位數位電壓脈波或叫「機器碼」去趨動電腦來工作。

　　（當然你不想用方便的「程式語言」寫作，喜歡用插接全部電線完後，並且使用電壓脈波趨動觸發晶片的 CLK 接腳輸入脈波(Clock)，一次一行指令的慢慢執行方式也行，只是老孤我個人保證你會接線插到瘋。）

　　只是比較麻煩而且可算是非常的麻煩，絕對會搞死你讓你一日之間回到了石器時代的工作效率，所以我們才發明更便利的軟體寫作工具「程式語言」來幫助我們使用電腦從事「軟體開發」的程式語言翻譯成「機器碼」的相關工作。

　　在電腦主機板上這種產生工作頻率脈波的晶片，早期我們電腦工作者稱之為「振盪晶體（Crystal）」，它應該是電腦主機板通電後第一個動作的元件，因為沒有它電腦不會產生「動態」，至於「脈波」線路接進 CPU(Center Process Unit)中央處理器的 CLK 接腳之後，它會不會變頻加快脈波的頻率就要看 CPU 的設計及品質了。

　　早期的「CPU 超頻」就是調整 CPU 的輸入工作頻率，讓一些品質好的 CPU 可以超出它出廠預設的工作頻率速度來動作，加快電腦的計算及控制速度，但是可能會減少它的使用壽命及可能計算工作會出錯而不安全。

　　畢竟 CPU 設計師也不是白痴，怎麼可能可以標榜加速 CPU 工作下卻不開放，一定會有他這麼做的專業設計心理選擇，或

許是「安全因素」或許是「晶片使用壽命」…等種種可能性，千萬不要小看任何活人的智慧。

除此之外一顆 IC 通常除了擁有 CLK 接腳之外，還會有很多關於電壓(I/O)的 IC 接腳，它們也要根據功能或接地 0(DC 0V，關 Off)或接電壓 1(DC 5V，開 On)來維持這顆 IC 的工作直流電壓，或許還會有類似「輸入資料針腳」、「輸出資料針腳」、「控制針腳」或「位址定位針腳」…等。

一切都要看那顆 IC 的功能設計而論，視您編寫出來的程式數位機器編碼出來的電壓要求而決定 IC 接腳的「數位電壓」，是 0(接地)還是 1(接 DC 5V)，所以如果沒有靠「組合語言(Assembly Language)」的「組譯器」或其它「程式語言(Programming Language 編譯器 Compiler)」的話。

除了「使用者」親自手動先把其它各接腳的電線分配接好，並且在其他「I/O」接腳的 0 與 1 數位電壓的要求下(0 接地關掉，1 接 5V 開啟)，再自己手動利用直流 5V 去插入導通 CLK 時脈接腳，以輸入脈波觸發 IC 的工作指令完成「I/O」的 1 個指令工作，下一個動作同樣如此反覆下去直到您的工作指令完成。

PS：這種輸入 TTL IC 各種工作電壓使它產生動作的原理，就是透過 IC 接腳或電線(Pin)橋接電源能量來源所形成的脈波，做類似「電壓接地 0V=關 Off=訊號 0 或 電壓 DC 5V=開 On=訊號 1」，以 1 條能源導體內由 0 沒電與 1 有電形成的「數位脈波訊號」來產生 2 進位(Binrary 以後簡稱 Bin) 的傳遞訊號效果「0=(沒電)與 1=(有電)」。

所以一根細細的 IC 接腳或一條細細的電線，就如同於一條水管擁有「0 沒電」與「1 有電」，形成 1 位元(1 Bit)的脈波變

化功能效果(不是 0「沒電」就是 1「有電」的訊號在電線內部不斷的依數位訊號產生的脈波來傳輸)。

※注意：有些 IC 可能也會相反設計 0 與 1 脈波訊號所代表的功能，可能會出現 0=有電 5V、1=沒電 0V 的情況，所以千萬不要死腦筋的認定 IC 功能訊號代表的工作電壓，一切都要看每顆 IC 的功能設計說明書來決定。

老孤所說的不過是傳統的觀念而已，並不一定會符合目前的時世，畢竟已經 30 年過去了，可能現代已經用不了 DC 5V 這麼高的電壓了。因為節省能源並不斷的科技進步之下，如果 30 年過去了還在原地沒發展，就實在太對不起人類發展的速度了。

隨著時代進入了奈米時代而在科技研發的不斷進步下 1 根接腳、電線、材質、粗細或其它元件方法排列組合而成的特殊元素材料⋯等的功能設計，說不定是可以利用能源電壓、電流、電量、電阻等各個因素的大小強弱。產生各種大小、速度、頻率或週期的不同排列組合方式利用，來產生各式各樣不同形狀的輸入脈波，傳遞各種設計心思的脈波訊號來做 I/O 的工作。

(PS：所以有可能 1 條的接腳或「電線、光纖」不再是只能當做 1 位元來利用了，尤其最近又進入了物理界所謂的「量子時代(Quantum Age)」，可能會變得更加厲害，不過上述內容就是傳統的電腦運作原理，讀者只需要改變一下時代進步改變的設計理念更新就好，基本理論是基礎不太可能有所根本性的大變化，所以各位讀者也不用覺得聽老孤廢話這麼多沒什麼用處，其實這些都是紮紮實實的理論基礎。

至於老孤這一點的發現，主要是傳統早期電腦硬體的各種 I/O 介面，經過 30 多年來不斷改良與現今流行於世，連接各種

「硬體(Hardware)」「I/O 介面(Interface)」「電源接頭介面」、「電源接線」及「資料排線(Data Bus)」都不斷的在改變與進步著,現今流行的「各種不同介面」及「資料排線」外觀大小粗細的不斷進步縮小空間利用及精細程度,都不是 3x 年前的傳統電腦硬體那樣古早沒變化了。

「使用者」利用各種 IC 輸入端接腳的輸入工作脈波波形電壓,來切換(Toggle)輸入資料改變形成各式各樣脈波輸入端的波形,用來快速切換 IC 輸入端(Input Pin) 產生通電有電(訊號1)或斷電接地(訊號0),而後在 IC 的輸出端接腳(Output Pin)接收 IC 晶片正常工作後所產生的各種工作結果形成的訊號,而變化產生的數位電壓脈波訊號的方式,來達成每一顆 IC 設計而出的功能來完成整個數位電子工作。

所以各位讀者或許可以想像到最早期的電腦操作有多麼難搞了吧,光是在那裡換接電線的「電壓 0 與 1」的配位接線切換開關就累死你,這也是為什麼「組合語言」的所有指令都是在各種功能的「暫存器(Register)」裡面搬運數據的原因。

因為「組合語言」類似呼叫中斷功能或其它功能指令執行之前,您必須先將 CPU「電腦核心中央處理晶片(Center Process Unit)」所需要的數據,依照呼叫 CPU 提供的功能所需要的相關數據,放在相對應功能的 CPU「暫存器」內,來等 CPU CLK 接腳傳來的脈波觸發電壓訊號,才能完成 CPU 相關的控制、計算、移位或執行 CPU 設計的那些特殊動作功能指令。

(題外話:老孤彷彿還聽說過最早期的電腦程式設計工作,是利用類似打洞卡以及「光學光照」偵測判斷來做各種數位 I/O 的工作,個人推測可能沒洞=0、有洞=1「當然反過來定義沒洞=1、有洞=0 也是可以,畢竟這只是一種使用習慣的問題而已」這種簡直令人會抓狂的 I/O 方式,可能每次寫程式都需要抱上

一大疊打洞卡來做 I/O，只要想想就很慶幸自己沒有出生在那個時代，不然光是寫個程式就不知道需要用掉多少打洞卡，一般人可能還真的負擔不起養一台電腦的費用。）

　　所以整顆CPU內部的各種「暫存器」，很像天秤的秤重托盤，暫時用來放數據以待將要到來的工作而已，用完數據就丟一邊暫時涼快去「通常都是暫存於記憶體（Random Access Memonry）之內」，等待下次使用或乾脆直接覆蓋代替不然就是遺忘丟棄不再需要的數據。

　　當然也不一定每家 CPU 晶片廠商都是完全如此工作，要看各家廠商視為商業機密的 CPU 晶片功能設計電路圖而定，就目前而言 CPU 內部也有設計不少階層的「快取記憶體（Cache Memory）」的設計，減少 CPU 對外部主機板（Main Board 或稱 Monther Board 簡稱 MB）上的「主要記憶體（Primany Memory）」作「I/O」動作。

　　縮短 CPU 晶片指令工作所需要花費的脈波時間，換上下一組需要計算或其它功能執行的數據，如此反覆動作直到 CPU 晶片完成所有的工作為止然後進入閒置狀態「Idle」，這也是為什麼電腦的英文直接取名又叫計算機（Computer）的原因。（因為電腦晶片的工作很像一台多稱盤的天秤，不斷的在各個秤盤（暫存器）放資料數據，不斷做著「控制」、「通訊」、「計算」、「輸入」、「輸出」…等工作。

　　以前老孤總是戲稱 CPU 不過就是一顆擁有成百上千萬電子元件的「總開關器」，利用開關（On/Off）切換（Toggle）成 2 進制變化的電波數據，然後用來「控制」、「通訊」最後形成「計算」功能的微小精緻的晶片而已。

　　而那些 CPU 晶片內部暫存器裡的 1 個 16 進位(Hexadecimal Code 以後簡稱 Hex)數字碼就等於 4 個 2 進位數位數字的組合 0000～1111(Bin)，也就是 0～15(Dec) 或 0～F(Hex) 的電源數值變化，所以 1 個 16 進位數據等同於 4 條電線或接腳(Pin) 也就是 4 位元「PS：1 個接腳(Pin) 或連接導體線一般來說等於 1 位元=1(Bit) 不是傳輸 0 就是 1 的訊號 2 個變化而已。這樣大家是不是可以了解 128 位元的電腦需要多少 CPU IC 接腳了？」

　　「沒意外或特殊設計的話，應該光是一個「I/O 功能」就是需要 256(Pin) 根接腳(輸入加上輸出,更別提 CPU IC 不但有「I/O 之分」。還有「各種定址定位接腳」、「各個內含功能的接腳」或一堆「特殊設計的功能接腳」，所以合起來幾百上千根接腳平常的很。

　　更何況光是目前多核心 64 位元的 CPU 就差不多上千接腳了，128 位元的 CPU 晶片所含的接腳及 CPU IC 晶片內部的功能設計，更是想都不太敢想，而且我們平常可能還不需要用到 $0～2^{128-1}$ 這麼大的天文數字來做計算的工作。

　　所以那種 CPU 內部的電子電路功能設計的複雜程度，可以不誇張的說跟一個龐大的國家建設施工工程藍圖差不了多少，絕對不是一個人能全部手工打造出來的，如果沒有特殊精密光刻線路的機器來做，根本不可能完成幾平方公分(cm^2)的奈米科技晶片製造。

　　所以大家讚嘆偉大的晶片設計工程師個個爆肝吧！老孤實在不可能有那個耐心去設計硬體晶片的電路，光看電子電路工程圖就可能先昏倒裝死，以免我腦袋這顆 CPU 當機爆表影響健康的身心，讓我直接被龐大工程藍圖給「人道毀滅」。

目前流行市場的CPU設計理想念頭也不是統一思想的市場，有所謂的 CISC(複雜指令集)CPU「主要是英特爾(Intel)及超微(AMD)兩大公司在競爭」，而 RISC(精簡指令集)CPU 也是另一種設計思想種類晶片，例如蘋果 Apple 公司晶片或其他廠商用的手機用晶片 Arm 系列在做各種競爭合作的商業作戰爭奪市場圈羊遊戲，身為羊群的我們實在沒有太多的選擇。

各種理念實做出來架構而成的電子電路形成「不同晶片指令集功能」的不同，相對應的晶片「機器控制碼」的指令構成也會不同，同時影響「組合語言」的程式設計間接又改變了其它軟體的「高階程式語言」…等。相關的「蝴蝶效應」引發「軟體世界」的大地震改變地貌。

所以老孤曾經想過利用現有的晶片基礎，原本就是來自於各種「邏輯閘」排列組合串並聯使用的開關原理運用，設計發展出一套名為「DNA 動態自然組合語言(Dynamic Nature Assembly)」成為跨平台組合語言的「組譯器」，做為未來軟體系統開發的基礎。

來完成一套高效率的「程式設計」組合語言的前景，作為我多年來吸收電腦知識排出的融合結晶，重塑整個軟體設計環境，可惜這種大型工作沒有一個龐大的財力及團隊是絕不可能一個人能完成的巨型工作。(光是蒐集晶片指令資料就會累死你，何況還要搞定思想融合成實際的開發設計工作)。

所以一直停留在思想設計的架構上進行，也就是有時間想一想，等到完全融合之後才開始作紙上談兵的計劃工作，所以大家有空就祝福我一下，希望我能在死之前搞出這一套程式設計語言系統，對 DNA 語言有興趣的讀者，或許可以看看本書最後附上的彩蛋篇裡面的內容。「簡直給各位讀者畫了一個好大的巨餅前景」

2-1「電腦硬體」

選擇購買一台個人電腦首先你必需考慮你的工作使用功能範圍，一般使用範圍的電腦幾乎不用特別注重什麼功能，可以考慮店家已經組裝完成並且特價推銷的成品，雖然推銷的產品都不一定對你有太多的好處（畢竟是在商言商，利己就一定不利於別人，這是一種很無耐的生活常態，誰也改變不了這種本質上的沖突）。

但是作為一個電腦入門新手來說，看什麼便宜順眼夠用就買什麼，尤其是學生學習使用或者聽音樂、看影片、寫程式、打報告、上課抄筆記使用的電腦，本身配備就沒必要太過追新追速,因為這些工作都不太需要太高級的電腦就能夠達到目地，而且也不容易造成「備而沒用」的浪費預計風險。

電腦元件配備這種裝置如果你不是在追求最高科技，只是一般使用者而言沒必要買多新出現的產品（一般只需要購買大眾化多數選擇的產品並且從眾即可），因為新科技產品通常都有一種市場實驗接受度調查的使命，如果新技術的軟體支援太少根本不普及的話，你可能就得自己使用程式語言設計各種硬體驅動程式或應用軟體供自己使用，那得多麼麻煩，甚至新科技產品無法開展市場，最後你的硬體元件配備裝置，變成被遺棄的孤兒(老孤就遇上過)。

所以追求最新最高科技完全是顯擺自己有錢當凱子白老鼠而已，不如等它的市場接受度普及率高及白老鼠眾多之後(這叫法不治眾)再來從眾合群購買使用，即省錢省事又便利不浪費。

如果你沒有軟體程式設計的功力做後盾，冒冒然使用最新產品通常花費的功夫及代價是相當之高，老孤年輕時不懂事就當了很多年的冤大頭，當自己的軟體實力可以完全駕御使用當

初購買的最新產品時，它們卻已經過時了或者又有更好的技術代替它們，這是花費了上百萬元總結出來的購買教訓，讀者們買電腦之時一定要量力而行，不要一昧的求新求潮求變。

由於現代科技進步的速度太快，你買一台幾十萬代價的全部最新科技的電腦配備，頂多只能讓你的優越感保持 1 年，最慢明年你的電腦就逐漸落伍，最多 3 年市場上漸漸淘汰，5 年大概使用的配備零件都快停產了，去維修的費用還不如買一台新配備裝置又更好的電腦來的划算。

7 年之後電腦的使用壽命差不多都要終結了，而且速度已經完全追不上目前平價電腦商品的運作速度，所以除非你有特殊的需求，否則追新追快的心理用在買電腦配備上並不明智，因為「電腦」這種東西進步的速度太快，所以保值期很短過幾年很容易就變得沒什麼市場價值。

2-2「電腦機殼與機箱(Case)」

一台個人電腦大家第一眼看到的外型應該是機殼或機箱表面功能，依照機箱裡面提供的設計空間來裝載你的各種設備，雖然有不少視覺系的派系人馬，會選擇一些酷炫的機箱來做為自己的個人使用機箱，但是老孤在這裡要提醒一句，不要追求太多無謂的燈光酷炫效果，除了浪費電力之外還加重「電源供應器」的負載，除了炫一點潮一點實際上就是一個增加負載的刺眼設計，甚至可能耗能太過會讓你的電腦處於更加高溫損壞裝置元件風險的險境。

如果你的主機還是需要長時間開機（甚至不關機的網路伺服器「Network Server」）並且放置在你睡覺的寢室之內，那麼久而久之你就會被那些無謂要浪費電力的燈光效果搞得你睡眠品質下降而得不償失。而且最理想的機箱就是沒有機箱，而是

以機房並且將裝置外露散熱，並且還提供冷氣空調的方式及防塵降溫排熱各種配備通電工作後產生的熱能，以達到完美的傳導對流散熱功能，維持你的電腦正常工作並且不容易損壞，以及不難做清潔降溫乾躁以保持電腦使用壽命的相關工作。

理想電腦工作環境是乾燥低溫，因為電子產品都有它的物理正常工作溫度，高溫通常都不要超過 70 度 C(矽質晶片物質上限)，至於低溫我就不太清楚了，畢竟理想低溫是需要實驗，而且要盡量保持低溫乾燥的環境，因為高溫與潮濕是電子產品的工作使用致命傷，畢竟它們本身的材料就是「矽(Si)」(當然這是指傳統的半導體材料)，久而久之你的電腦很可能會出現各種預期之外的損傷，而且有時雖然可以使用，但是會出現各種奇奇怪怪超出預期的工作結果，增加您的使用困擾及麻煩，就是高溫與潮濕環境對電腦軟硬體運作的影響。

2-3「電源供應器(Power Supply)」

電腦硬體電源開關一開機，第一個工作的應該是「電源供應器(Power Supply)」，「電源供應器」的作用是將家用插座輸入的交流電轉換成數種不同輸出的直流電壓，經由輸出電線及各式各樣的防呆接頭連接到機殼內的、主機板、硬碟機、光碟機甚至可能顯示卡或者其他介面卡，也需要額外的電源接頭來提供充足的電壓電流以維持正常工作所需，防止主機板提供的電流不足以維持穩定的正常工作。

所以「電源供應器」成為首選重要電腦零件，這方面有專門研究這一方面的各種安全標準的機構，所以如果你很講究這個，建議你多多爬網路文章，看看這方面最新的使用評價等等。不過在電腦世界通常都是所謂的「最新」、「最好」等於「最貴」又是實驗新產品接受度白老鼠的現象。

所以我個人並不建議這種追新的趕時間做白老鼠的心態，除非你是技術尖端的實驗實測人員，或者你對電腦的各種軟硬體元件的整合設計很有需求及心得，需要廠商特別幫你訂做打造出來的人，其他的一般使用者，多多貨比三家，但如果你是初學者你的選擇還是從眾最佳。

而「電源供應器」基本上就是電腦機器工作的「能量食物來源」，而且根據電腦的工作設計原理也不一定會是要使用「電能」，畢竟電子元件中還有不少屬於「物理」、「化學」界的「元件材料」利用「聲」、「光」、「熱」、「電」、「磁」、「核」等一大堆不同的能量來源。

只要能利用這些科學原理製造出「材料學元件」形成最基本的「半導體」、「二極體」、「電晶體」、「積體電路 IC」，生成「邏輯開關」的所有元件功能，甚至未來的電腦能源也不一定是需要用電，說不定「自然元件」、「生化元件」都有可能（例如：利用動物園裡的動物去運動，跑老鼠在玩的滾筒圈運作裝置來發電），在這裡老孤就不再贅述相關天方夜譚的運用，請讀者們自行開腦洞想像。

最後還有一點個人電腦上的使用建議，如果花費預算許可的情形之下，使用者最好多買一台不斷電系統（UPS），除了可以防止電源突然斷電毀壞您的電腦，也可以做為保護電腦軟體系統健康的保險措失，它的功用是能在電力公司設備斷電時，UPS 提供的電池放電電量，給你足夠的時間搶救突然斷電中斷軟體系統造成的數據資料流失損壞，讓你在斷電之後可以有機會完成電腦系統正常的手動或自動程式關機程序，用以保護電腦及軟體系統資料數據的完整性，以免造成電腦資料數據的損壞讓你得不嚐失。

2-4「主機板(Mother Board/Main Board)簡稱MB」

再來就是介紹「主機板」了,基本上主機板設計等於「人的身體功能設計」,可以說所有輸入輸出「能源」或「資料電流」功能插頭針腳(Pin)、元件、介面卡、機箱外部按鈕、內外接針腳插孔,都需要主機板相關電路及延伸、輔助、控制、功能晶片來提供相關功能支援,所以主機板是一台電腦最重要的載體,重要性相當於你的電腦有「多少介面標準及運用功能」都在主機板的功能支援上,這一方面您在選定購買「主機板 」的時候要注意包裝盒上的廣告詞及主機板說明書上的設計功能以及支援的標準。

當然主機板上支援的功能越多、速度越快、越穩定和評價比較好也就相對比較貴,甚至你不使用市面上流通使用的主機板廠商大量製做的型號,要購買特別設計相關特殊功能的主機板也可以「例如:多中央處理器晶片支援(多 CPU)…等等功能」,不過就是比較冷門專用,市面上不流通單價比較貴,甚至是專門訂作設計的專用主機板。

最早期的主機板上面除了有相關的電子元件之外,還有一些輔助「中央處理器(CPU)」對外控制、通訊…處理等等的相關輔助晶片零零落落散佈在整個主機板上,而後來將以前相關晶片元件線路整合成二塊晶片。

這兩顆晶片分別稱為「北橋晶片(North Bridge)」及「南橋晶片(South Bridge)」,用以輔助延伸 CPU 對外部其他諸如「電源供應器」、「記憶體」、「顯示卡」、「介面卡」、「磁碟機」、「光碟機」、「硬碟機」…等。各種「電腦元件」的正常工作形成整個主機板線路網的控制、計算、通訊相關元件的一切動作。(如下圖的基本原理連線圖)

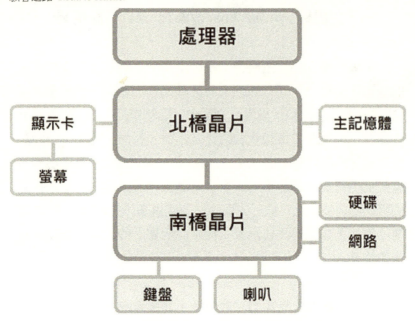

　　所以各位讀者就可以想像一塊主機板在整台電腦裡面佔了多大的主要性，可以說主機板選得好，人生就是彩色的，主機板選的不好，你的電腦使用人生就是黑白的，所以下重注購買之前各位使用者一定要好好去網路上爬文，多多研究一下各種主機板提供的功能選擇及使用評價，千萬別趕鴨子上架買了一片兩光的產品回來自找麻煩。

　　而且主機板的選擇關係到連接在主機板上所有零件元件的支援支持度，如果你在短期的未來之內有可能會追加各種不同的電腦零件來做功能擴充，您可能還需要多多考慮這方面的未來擴充需求性。

　　不過一般來說重組一台個人電腦來使用的人通常都會一次性的買到位，除非是新手上路才會不斷的去需求再買的可能，因為一次到位的選購各種電腦元件之間容易處於同一個時代之內的產品，比較不會在未來遇到斷代主機板找不到元件配合的窘境。

　　各位讀者千萬不要小看電腦主機板是那麼小小薄薄的一片，通常越小越精密是主機板一直在追求的科技進步的方向也都是未來的發展目標，而那薄薄的一片可就擁有好幾層的主機板線路，甚至幾十層都有可能，而且某些特殊設計的主機板可能還可以互相串聯或並聯來使用，增加主機板相互團結合作工作的目標。

　　目前因為已經進入了奈米時代的原因，東西越做越精細也越來越快速，甚至物理學界所謂的「量子電腦」也已經出世(聽說在美國的 Google 公司)目前的量子電腦大概要一間房間那麼大的空間來存放使用，而且需要很好的冷卻系統的支持它降溫，不過聽說運算的速度比起現在最快的超級電腦速度比較起來，現代最快的電腦速度跟「量子電腦」的速度比是沒有什麼可比性的，速度相差程度超級恐怖，不過我想再過個 1x 或 2x 年，量子電腦滿街跑的時代也不會距離太遠了。

　　早期主機板上有一顆名為振盪晶體(Crystal)的元件，它的重要性在前面的章節裡面已經解釋介紹過了，所以老孤在這裡就不再贅述，它的主要功能就是開機通電後第一個動作，而它就是產生工作脈波(Clock CLK)的元件一般我們稱之為主機板「外頻」，發出的震盪頻率的電波形狀產生的高低電位電能，可以用來觸發開關(Toggle)控制著各種電子元件的工作設計，驅動各種電子元件發揮設計出來的功能。

　　通過這個元件產生的「工作脈波」，灌通所有晶片的 CLK 頻率輸入接腳使得晶片工作起來，讓死氣沉沉的主機板電路整個由 3D 靜止空間進入 4D 時空「動」起來工作，統一主機板上不需要特殊變頻來改變運作速度的其他外部晶片，通過這個晶片的工作產生所謂的工作頻率電壓電流。

　　不過現在可能已經整合設計進入其他的晶片內部了，早期

主機板上還有指撥開關或稱做 Jumper 的東西,可以通過調整多少倍升頻的功能,來提升中央處理器 CPU 或其他晶片的工作頻率及速度來切換 CPU 內部工作頻率與外部主機板上的工作頻率不一的問題。

主機板上還有一顆重要的「韌體晶片」也就是傳統中的「基本輸入輸出系統 BIOS:(Basic Input Output System)」,這顆晶片很好找,通常它都是被設計在主機板上供電「電池」附近,因為主機板電池負責電腦關機斷電後 BIOS 裡面記憶的資料及日期時間的跳動計數,都是靠這顆電池在吃飯。

而 BIOS 這顆晶片就是傳說中的開機自我測試程式碼 POST(Power On Self Test)或其他的主機板內建設計的種種程式及調整設定功能程式機器碼就是儲存在這個韌體晶片上,早期一開始時 BIOS 程式碼的內容是使用 PROM 晶片燒錄設定死的程式碼而不可改變。

所以如果你把主機板上的「電池」或「電容」給拔掉或放電的話,你可能不能隨意關機,不然 BIOS 內部的設定資料會流失,甚至每次開機你都要重新設定一遍 BIOS 內容,以維持調整你的電腦最佳工作狀態。

伴隨著時代的進步及半導體工程開發之下,後來又有所謂的 EPROM 可以使用紫光燈照射抹除 BIOS 內的所有程式碼,然後再借用其他的工具機器把新的 BIOS 燒錄進去,進而完成整個 BIOS 更新的工作,後來又發明創造了 EEPROM 或稱 E²PROM 變成使用「電」來代替紫光燈,並且可以借用作業系統下的程式來執行更新 BIOS 的功能。

甚至現在還發展到了網路更新 BIOS 的時代了,真是愈來愈方便及危險了,基本上 BIOS 如果被藏病毒或者木馬之類破壞潛

伏之類的程式碼，你就準備隨時「後院起火」吧，所以除非有必要更新 BIOS 程式碼，否則盡量不要去更新，除非你的硬體驅動有問題，不然個人不建議你為了追新去更新您的 BIOS，就算要更新 BIOS 內容，更新步驟也要每步都小心一點，以免被人所趁灌入一些你不想要的「東西」在內。

不過現在由於 IBM 公司設計出來的 BIOS 的標準已經經過幾十年了，漸漸不敷時代的進步下漸漸走入了歷史博物館了，現在新機應該都是 UEFI 介面，這種新構想組成替代傳統的 BIOS 讓它走入了歷史，UEFI 應該可以說是未來取代傳統 BIOS 的地位，聽說是由 C 語言所設計寫出的，不過我也快 10 年沒有換過電腦了，也沒有見過 UEFI 的實品，所以也不甚了了。

如果各位讀者有興趣走主機板韌體這條路，可以上「維基百科」查查關於 BIOS 及 UEFI 的資訊，裡面應該有不少資料可以爬，這一點老孤不再另作說明了。

好了，主機板的說明就到這裡了，不過我可以提供一個主機板選購的方式，主機板功能愈多理論上就會愈大塊，另外再教你們一個偏門的選主機板方式，那就是看看上面的各種元件的材料及排列組合，愈貴的電子元件材料及設計排列優美漂亮方便的主機板應該更優。

因為以前我們上學的時候設計焊接電路板之時，板面元件排列的整整齊齊有點藝術感的元件排列，成績相對會比較高，所以主機板上面元件空間擺放設計也可以顯示出設計者的心思及用心程度，以此作為一個選購的依據應該也是一條不錯的指南。

2-5「中央處理器 CPU(Center Process Unit)」

再來就是所謂的「電腦心臟 CPU 晶片」的選購了，目前台灣的一般消費市場上，能自己動手組裝 DIY(Do It Yourself)的 CPU 晶片應該只有以 CISC(複雜指令集 Complex Instruction Set Computer)的 CPU 為核心架構的硬體，而使用 RISC(精簡指令集 Reduced Instruction Set Computer)的 CPU 晶片在台灣應該是比較沒有硬體零件市場。

我是不知道在海外有沒有 RISC CPU 架構的 DIY 市場，不過我想可能性不會太大才是，畢竟 RISC CPU 晶片架構做成的電腦通常都比較偏向一體成型出售(例如:Apple 蘋果電腦)，不像 CISC CPU 架構晶片對市場這麼自由開放。

台灣大概 2x 年前(1990 年代末期)流行起一股 DIY 風潮，各種教學書籍滿天飛的出版並教會一些人自學進入這個硬體組裝黑手行業，造就、產生共鳴了全台的 DIY 風氣，一時之間全民自己選購組裝電腦的風氣大盛。

一來自己組裝可以選購自己喜歡的配備組合不受制於廠商商家設定的推銷款示及選項，二來也是因為 DIY 書籍滿天飛使得消費者不是那麼好唬弄，三來可能是當時國內的消費市場並沒有固定版圖的戰國時代，各個廠商也在競爭、劃分、圈粉和佔領自己的消費者市場。

老孤在這裡簡單的分享一下 CISC 以及 RISC 架構這兩種晶片的一些個人觀感的差異性，這兩種晶片一個叫複雜指令集(CISC)，一個叫精簡指令集(RISC)，顧名思義它們之間最大的差異性來自兩種 CPU 晶片提供的晶片指令集的設計理念不同，對於 CPU 晶片提供的硬體操作指令的電子電路設計理念上的不同及消費市場攻佔目標的不同所致。

所謂的 CISC 複雜指令集應該就是以 CPU 操作指令的開發為

主軸，可能是覺得晶片應該需要有什麼功能指令就開發哪個指令，有引導趨向未來的想法來不斷進步，然後才落實在電子電路的設計來符合這樣的理想完成，所以早期的 CISC CPU 裡面充斥的大大小小不同功能位元的大小暫存器。

例如：早期 386SX 系列 CPU 是沒有浮點數（也就是程式語言中的 Float、Double 變數功能）的硬體指令運算支援功能，所以只能靠作業系統下的各種「程式語言」自己利用 RAM 記憶體來模擬這些變數功能，當然相對的運算浮點數就比較慢。

那個時候 386DX 系列電腦主機板上，就還有一顆叫做 80387 的晶片，就是利用硬體晶片電子電路來支援浮點數計算功能的晶片用來加速浮點數運算速度，並且縮小程式語言的設計壓力，以硬體指令代替軟體功能的支援走向。

正如上述的道理一樣，軟體幻想想像功能在軟體上運行一段時間之後，會視市場需要漸漸整合製作成硬體晶片，最後整個所有電腦主機零件，都可能整合成一個「元件」，形成一種物件導向(OOP)化的電腦世界，也可能會朝向軟硬合一的「韌體」這個最終方向融合前進。

CISC CPU 這種設計發展理念的想法雖然比較偏向自然而然的想法，但是就是會使硬體設計工作比較複雜，CPU 晶片內裡各種功能不同大小不一的暫存器區組成複雜，容易流於散失揮發瓶頸突破等等問題，例如：MMX 多媒體指令集 64 位元、SSE 指令集(128 位元)…等。各種不同功能的暫存器區設計融合在一起，各位可能想像那種指令的複雜程度會愈來愈恐怖。

也因此 CISC 晶片指令執行所需要的「時脈脈波」也會形成有大有小無法統一，可能有的指令用的 Clock 數目不同比較難以有效的利用「脈波」分配、合作、多工、控制、調配…等，

晶片指令動作。

　　所以並不是那麼好設計的，更何況光靠提升頻率工作脈波來一直撐快晶片指令的運作，終究會有發展瓶頸，至少於能源所需就會愈來愈高，不想辦法解決甚至還會產生高溫傷及 CPU 本質問題，可能還有散熱問題…等。衍生出來的各種安全問題的解決…等，以上就是大致分析一下 CISC CPU 晶片的方向，基本上就是想到什麼新功能指令集就加什麼功能為他們的設計思想，不過設計 CPU 的各種工作功能並沒有我說的這麼簡單，所以諸位大眾心裡有個數了解一下 CISC 的主思想方向即可。

　　而另外一種精簡指令集 RISC 晶片則是另一種的前進方向，並不以擴充指令集來作為前進的指標，反而是在統一晶片內部的各種功能暫存器區的容量大小，所以晶片執行指令相對所需要的頻率脈波 Clock 比較統一。

　　頻率寬帶容易切割、分配、控制、調配…等工作，所以它比較不需要靠提高振盪頻率來提高效能，比較不容易碰撞到能量障壁，晶片運作產生的溫度也相對比較恆溫，比較好控制與調配，可以說我個人比較欣賞這種比較經過思考而來發展的設計技術方向的中心思想。

　　RISC 晶片以穩定的前進腳步，緩步的技術發展，漸漸在手機市場上展露頭角，聽說現在手機或小型 PAD 之類的機器，用的幾乎都是 RISC 晶片，漸漸後來居上市場佔有率漸漸愈來愈多，使早期 CISC 晶片佔的有市場份額一口口的吐出來，回到消費者依據自己需要為依歸去選擇自己喜歡的晶片陣營。

　　不過聽說目前不論 CISC 跟 RISC 都在互相相互學習彼此的優點及改進彼此的缺點，所以將來可能會發展成二個陣營合一的理念激發出新一代的指令集市場，這部大劇大家就慢慢在旁

欣賞觀看了，以上就是老孤個人的一點觀察感想，所以請大家當做一些資訊的吸收就好不用太特別在意。

　　除非你是這方面的研究者，否則跟你的直接關係應該不大。除非你對這方面很感興趣，否則不鼓勵讀者去研究硬體電子電路設計這條路，不但無聊、枯躁而且爆肝可以說是家常便飯，甚至實做工作將來可能都要靠機器來完成這麼精密的作業，無人工廠的使用就是為未來的硬體製造走向而設立。

　　未來除非你是高深學問的「硬體設計」師(也就是你的數學、物理、化學三科能力都不錯才能在這混)，否則就實做作業這一區塊的工作，可能會完全被各種機器所佔據，再也沒有你發揮的空間，所以朝著軟體業去發展可能還比較有錢途且不容易失業再另找工作，這是老孤個人的一點淺見僅供您參考。

　　最後老孤要特別指出 CPU 裡面的「程式碼段 CS(Code Segment)」以及「指令指標 IP(Instruction Pointer)」 這兩個暫存器，或許各家晶片不一定都是叫這個名字，我是以 CISC CPU 晶片所叫的名字來稱它，為什麼要特別提到這兩個暫存器呢？！因為它們的存在很重要，可以說 CPU 是根據這兩個暫存器的內容來動作。

　　在 CPU 各種定址模式下例如傳說中的「真實模式(Real Mode)」、「保護模式(Protect Mode)」及「長模式(Long Mode)」…等。應該都是使用這二個暫存器組合而成的「定址模式」來讀取機器碼，舉個例子來說在各種不同的定址模式下「CS:IP」這兩種暫存器配合組合完成的「定址」，其實就是標示 CPU 在目前的模式下去 CS:IP 這兩個暫存器所在的記憶體位址上，然後根據下一個指令運算來改變這兩個暫存器的內容，去它們聯合標示指示的定址方式位置，去讀取下一個工作指令機器碼。

所以 CS:IP 決定了 CPU 去記憶體的哪裡讀取下一個指令，工作完目前位址指令之後，CS:IP 應該回到原始程式執行處遞加或遞減位置「視旗號暫存器的值而定」又再去讀取 CS:IP 合成指向的記憶體位置，如此反覆循環直到沒有工作或關機，所以這兩個暫存器如果被劫走控制而導致你的 CPU 失控的話，您的 CPU 就會暴走而且失控無所適從的。

相對的 CS:IP 這兩個暫存器在不同模式之下組合而成的「定址最大極限」也等於你的主機板最多能擴充多少容量的「記憶體 RAM」，超出這個範圍，CS:IP 定址不到，就算你插再多的「記憶體 RAM」，CPU 也讀寫不到造成所謂的沒用浪費，所以說這兩個暫存器在最大定址模式下，決定你的 CPU 記憶體支援的極限，即使主機板上插槽再多，您再有錢除非你換別顆功能的 CPU，否則頂多只能看著記憶體 RAM 白白插在那裡用不上，這一點讀者需要有一個清楚的認知。

由於剛開機的時候因為還沒有通電，所以以 16 位元電腦來說 CS:IP 應該會是 0000:0000H，因為那時還沒電所以是這個值（但是也不排除是其他碼值，因為有些晶片是「1 代表沒電」、「0 代表有電」，這得看晶片組成的電子元件來看）。

但是開機自我測試碼(POST 碼)需要初始化所有的設備，一定會使用 Jmp FFFF:FFFFH 這種指令來讓所有 0 變 1、1 變 0 切換一下以測試這兩個暫存器沒有損壞，可以在 0 與 1 之間切換工作，並且 POST 碼會把其他的程式碼內容放在 FFFF:FFFFH 裡面，以完成所有的 POST 程序，確保所有的暫存器都是可以正常工作的。

因為 CS:IP 這兩個暫存器功能比較特殊，所以只能使用 Jmp 跳躍指令而不能使用 CPU 組合語言提供的 Mov 這麼隨意的指令搬移其他數據進入 CS:IP 這兩個暫存器之內，這一點各位讀者

一定要有所了解，以免在寫 BIOS 的 POST 程式碼之時搞不清楚什麼狀況。

所以所有的 CPU 晶片都一定會有類似功能的 CS：IP 暫存器指示著 CPU 去那裡的記憶體讀取「指令」工作，以完成整個電腦作業。

POST 碼的寫作足以專門寫一本書來講解，這一點各位讀者可能要自己上網爬文了，或者去找專門的教學書籍，不過老孤可以傳授一個心得方向，越重要越影響電腦運作的硬體功能要越先測試。

所以第一時間一定是測試 CPU 所有的暫存器功能有沒有正常，其中 CS、IP 這兩個暫存器當然是首選接下來可能依照其他暫存器，存在的重要性挨個輪流測一遍，漸漸由 CPU 內部往外部資源去測試，直到所有硬體都測完為止。

不過也是有另外一派的人認為測了也沒用，因為測出來了你也修不了，所以可能 POST 之類的步驟也會漸漸消失在電腦世界裡，因為硬體損壞測出來了如果是重大問題，肯定得花錢去修，測不測的好像沒有多大的意義，反而浪費開機的時間，所以現在好像電腦開機測試越來越少，以前還會先測試顯示卡的功能再測一下記憶體正不正常，可惜現在記憶體動不動就好幾 GB 容量，不像早期只有幾 MB 容量，花不了太多時間，所以這個步驟好像漸漸被 POST 給廢了。

畢竟現在硬體便宜穩定的跟什麼一樣，POST 測不測試好像也沒有以前那麼重要了，因為測出來了你也修不了居多，畢竟現代的硬體精密的人工都不一定能搞定，直接換一個新的相比去修理還划算快速好用多了，所以呢？！走著瞧吧，我總覺得 POST 大概只需要測 CS：IP、顯示卡、記憶體、鍵盤及滑鼠就夠

了，其他的壞不壞的測起來都浪費電及開機時間。

以台灣來說目前 CISC CPU 晶片市面上比較流行 Intel 及 AMD 兩家公司在競爭市場，老孤我個人是比較喜歡使用 AMD 晶片，不但效能快比較同時期同等級的 Intel 晶片可能都要便宜將近上萬元，所以我自從 P3-500 之後就沒有再使用過 Intel 公司的晶片了，雖然便宜不見的有好處，但是對我這種不算初學者來說，使用 AMD 的晶片比較符合我的利益。

2-6「記憶體 RAM(Random Access Memory)」

接下來就要講講記憶體 RAM 方面的事了，其實記憶體如名所言，它就是電腦的「腦容量」，CPU 暫存器暫時存放 CPU 各種數據的地方，所以記憶體越多越快對電腦的運作速度明顯有更好的「轉圜」空間，畢竟暫存器只是天秤的托盤功能而已，所以如果缺乏「輾轉挪移」的空間，因此記憶體的其它定址得到的地方，就是暫存器的「備用桌面」，擺放著各式各樣的材料數據，等著 CPU 的臨幸取用。

就目前而言記憶體便宜的跟什麼一樣，所以如果你的預算許可之下盡量買多一點，以前老孤剛剛學電腦的時候，記憶體叫價 1M 超出 4000 元台幣以上。

而且那個時代還沒有那麼進步，一次 30Pins 還必需買 4 根。那像記憶體發展到現在，除了一次只需要插一條之外，容量還天差地別動不動 16G、32G 也花不到萬元，這種落差實在是太大了，搞得我心理有點不平衡。

不過記憶體的安裝還是要看你的需求來定的，如果你很追求影音效果或天文數字計算，需要龐大的記憶空間或使用電腦畫 3D 繪圖功能之類的使用方向，這些東西都需要龐大的記憶體

來加速你的電腦運算及功能驅動,否則目前軟體環境來說 8G 左右應該就足夠一般學習使用了。

目前我所知的記憶體好像都是永久保固,所以品質太差的廠牌應該拿不出手出來丟人現眼,這方面的選購並沒有太嚴格,早期記憶體鏽蝕或有問題,會導致各種靈異運作現象,老孤 20 幾年前架 BBS 站台的時候就遇過,軟體系統明明安裝設定完成,就因為記憶體有問題硬是執行不了(某些記憶體位址掛點了),必需換另一套架站系統才能正常工作,所以啊,說起來都是血淚交織的歷史啊!

2-7「顯示卡 VGA(Video Graphics Array)」

目前市面上的顯示卡幾乎都像另一塊主機板或整台電腦了,價錢上千到幾十萬的顯示卡都有,還是那句老話,視你的使用工作範圍及方向而定來選購,顯示卡的作用是將主機板透過 I/O 功能,然後把送到顯示卡上的各種龐大的顯示數據透過顯示卡上的 GPU(Graphical Process Unit)這顆顯示卡上專門計算顯示的晶片計算之後,透過各種不同功能或外接螢幕顯示器的接頭,顯示出來給使用者可呈像數據形成的影像。

顯示卡目前至少有兩種走向的發展,一種是以顯示速度及多功能品質為重的顯示卡專門用來玩高端遊戲之用(由於他們主要就是解碼各種顯示編碼格式顯示出來,所以並不一定完全精確,以流暢速度為主)。

另一種發展方向就是專門用來作 3D 繪圖軟體使用的繪圖卡,因為是創作 3D 以上動畫使用的繪圖卡,所以工作準確度要求比較高,因此半點解碼方式錯誤都馬虎不得。所以繪圖卡主要的功用就是用來專門 3D 以上繪圖之用,以追求精確性為主,解碼速度反而沒那麼要求,以穩妥為發展的方向。

當然現代的顯示卡上也會加裝記憶體，幫助 GPU 的計算工作，所以記憶體當然也是越快越好、越多越好，這一點跟主機的要求一樣並沒有太大的差異，只是使用者購買之時最好還是以你的使用範圍為準，不要太追新追潮甚至備而不用的多餘想像加持，白白瘦了您的荷包。

目前市面上的兩家大顯示晶片廠商，分別是 nVidia 跟 ATI，而老孤我個人比較傾向使用 nVidia 晶片的顯示卡，因為 FreeBSD 這套 Unix Like 的 OS 作業系統有支援它的驅動程式，沒有顯示卡廠商支援的驅動程式，在某些 OS 作業系統下就飆不到它設計出來的所有隱藏功能，所以購買顯示卡時也要配合你需要運作的 OS 作業系統來考慮使用。

2-8「其它各種輸入輸出元件設備(Others I/O)」

磁帶(Tape)、軟碟(Soft Disk Drive)、硬碟(Hard Disk Drive)、光碟(CD-ROM、DVD-ROM)、燒錄器(CD-RW、DVD-RW…)、隨身碟(USB flash drive)、喇叭(Speacker)、鍵盤(Key Board)、滑鼠(Mouse)、記憶卡(Memory Stick)…等。

零零種種各式各樣的輸入輸出(I/O)元件設備等族繁不及備載的東西，老孤本身也沒有使用太多新時代多媒體的東西，但是總結這些設備也逃不出有線或無線通訊方式，也規避不了物理學、化學的範圍之內的專門學問，不出物理學的聲、光、熱、電、磁、核這六種的利用方式，老孤在這裡撿幾樣我用過的東西說一下就好了，有興趣者請自行去研究，至少我個人是沒有那個美國功夫去一個個講解說明它們的工作原理。

這方面老孤也不是專門研究這些方面知識學問的專門人才，所以也不可能給各位讀者一一詳細的說明，因為大部份牽扯到專業的「物理」與「化學」問題，這方面的專業非常細緻，不

是我這種喜歡通化所有知識的人所能選擇專精的領域。

畢竟物理化學需要不斷的實驗實作去證明，不是我這種純粹理論層面的人能全面精通的，而且老孤也不可能有那麼多喜好的同時精通物理及化學，不過某些裝置的運作原理我還是有點涉獵的，各位讀者就隨便看看。

所謂的物理與化學方面利用「聲」、「光」、「熱」、「電」、「磁」、「核」等各種能量產生及轉換使用方式而產生的「質能變化」運用，我這裡倒是可以倒一點存貨知識資訊材料的豆子，老孤也不確定我腦海裡面的資料是不是完全正確，所以大家也就聽聽過耳一下。

有空自己去證實一下老孤這些陳年思想是不是有所變化或根本謬誤，畢竟對這方面我也不是很有興趣去研究，純粹就是一個理論體系科學普及的想法，如果各位讀者有所疑問，最好還是去請教一下這方面比較專業權威的人士。

首先磁帶(Tape)這東西我小時候當然用過，那時候聽音樂、看電影都是流行用磁帶作為儲存媒體及傳播物，但是在電腦上將磁帶當做記憶資料數據的載體上，我還真沒有用過磁帶（聽說老外很喜歡使用磁帶作為完整備份資料之用）。

老孤剛開始學電腦的時候大概是 1987 年左右，那時候市面上剛上市雙面高密度磁碟片 1.2 MB，而 360KB 的磁碟片還正在緩緩退出消費市場。

但如果是「磁能」在這種方面知識的應用類問題，我倒是有所耳聞的，簡單來講是利用「機械性質的機器」及「精密的磁頭裝置」，來產生「電動機原理電能生磁(安培右手定則證明)而磁碟機的磁頭基本上是「微微的飄浮」在磁碟片上運作，進

而利用電能在磁碟機讀寫頭上產生成磁場來磁化物質「特殊化學物質產生的磁碟圓片」，在磁碟片上產生存留應有的 N 極(North 北極)、S 極(South 南極)的區域磁化現象，來完成寫入數據資料儲存作業功能。

然後利用「磁能特性、同性相斥、異性相吸的 NS 極特性」，來「吸斥」磁頭產生「磁化吸斥力」作用感應來間接變化機械裝置產生「短路、斷路…等，進而產生 0 與 1 的數位數據電壓電流的變化來判斷 0 與 1 的數位訊號」，完成整個讀取作業功能。

據我所知大致上「磁碟機」就是如此運用工作的，但是磁碟片的防寫口及轉速偵測孔就不是如此作業了，這兩個孔洞控制「讀/寫」控制及「磁碟機轉速」我個人覺得跟「光學」偵測有沒有光波穿透而對面接收器的利用有關。

基於以上的磁碟機原理，大家大概就能知道大多數利用「磁能」的儲存裝置大概都是如何運作的，而「軟碟機(Floppy Disk Drive)」，大致上都是如此在運作讀寫作業功能的。「硬碟機(Hard Disk Drive)」只是更加精密以及密封並且對硬碟內部空氣加上「空氣濾清」處理。

據老孤所知硬碟(HDD)的磁片是好幾片串在同一個軸心轉速馬達上的，並且稱成磁柱(Cylns)，應該每個磁片的正反兩面都能高密度的讀寫之用，而且磁頭數(Head)也不是一個而已，並且硬碟(HDD)的讀寫作業是由外圈向內圈移動的，因此排列越靠外圍的磁區(Section)讀寫速度愈快。

所以如果是傳統的硬碟，越需要速度的讀寫作業最好儲放的位置越前越好，尤其是開機作業系統程式或大量讀寫作業的功能，至於現代的固態硬碟(SSD)是怎樣我不清楚，但應該就沒

這個差別了吧，畢竟都是不同作業方式了。

早期硬碟的總容量算法好像是「磁柱數×磁頭數×磁區數×512Bytes＝總容量」，第 0 磁區主要開機記錄 MBR(Master Boot Record)在磁碟片的外圍，這裡是放磁碟分割表用的「DPT 可能是(Disk Partition Table 的縮寫名詞我也不確定)」。

這一區決定你的硬碟分割及格式化檔案的格式編碼，聽說總共能分出 4 個主要分割區擁有 446Bytes，而此區最後 2 位元組的內容是 55AAH，所以你如果想寫多重開機程式，選擇使用多種開機系統，您就必須了解使用這一區的功能 55AA=0101 0101 1010 1010(2 進位)。

話說回來至於利用關於「電」、「磁」、「力」三方的關係所產生的原理判斷方式如下圖所示，下圖所顯示傳說大名頂頂的「弗萊明左右手定則」來判斷區別「電動機」及「發電機」，各位讀者如果有興趣或從事相關行業的可以參考看看，如下圖案所示「電」、「磁」、「力」的種種關係圖：

接下來就是所謂的「光碟機（CD-ROM）」、「燒錄器(CD-RW)、」「DVD 燒錄器(DVD-RW)」…等相關類似方式作業的 I/O 裝置，據老孤所知這一類型的工作原理就是利用磁碟機的讀寫頭光束，向空白塑膠料背後的「化學感光物質塗料層」打洞，來完成寫入刻錄光碟片作業，有點類似早期打洞卡的原理，不過應該是沒有

射穿吧！

　　接下來讀取可能就是利用光反射、摺射之類的回報速度來判斷是平的還是凹的吧，可能沒洞為 0 有洞為 1，這是老孤我個人的判斷，雖然不確定是否正確，但是我想工作原理應該不會錯，只是沒有我描述的如此簡單而已，畢竟這也是一種專業，我也不是什麼專門研究這方面的人材，所以大家知道一下就好不要跟我太計較了。

　　至於光碟讀寫運作原理是跟硬碟相反的，聽說是從內圈向外圈工作，由於是同心圓所以越外圍越大圈，相對的資料數據可以儲放更多，所以燒錄或讀取之時，就是由慢漸漸快起來，剛好跟硬碟相反，這是我聽說的一些小常識，大家耳聞一下就好。

　　接下來就是所謂的隨身碟(USB flash drive)和記憶卡(Memory Stick)或者也叫記憶棒吧，我想這麼小的體積來看，我都想不出除了是記憶 IC 晶片之類的所有可能性，我想內部鑲嵌的一定是記憶體 IC 之類的東西，這方面的材料及科技我沒什麼研究，但是應該是利用類似二極體產生開關線路作用來切換輸出資料，來取得正確的數據。

　　相對的也是使用電力來改變資料的 0 與 1 記載的數位資訊，同樣的工作原理應該也適用在 SSD(固態硬碟)之上，也只有是「電子開關」才有可能達到如此的讀/寫(I/O)速度，也不知道我猜的對不對。

　　最後來講講老孤推測出來的「喇叭」作用原理，基本上「聲音」的產生是「物料產生震動與空氣形成碰撞」產生的各種頻率的發聲，傳統的小喇叭應該是在類似鼓膜作用的喇叭特殊材質的膜上，通電產生磁場與喇叭內附的磁鐵產生 NS 極吸斥的相互作用力來震動鼓膜產生「各種聲音」，而接在喇叭鼓膜上的那

二條電線就是電壓電流來源，進而產生不同的 NS 極反應與喇叭本身內附的磁鐵互吸互斥產生各種不同的頻率震動，進而發出物料與空氣碰撞而產生各種不同的「聲音」，我想基本原理就是如此了，也不完全確定對不對。

「熱」能的運用方式就多了，畢竟「火」是點燃文明火花的第一種能量，目前「熱」的運用就是 18 世紀的工業革命所奠基下來的基礎，利用火生熱能燒水，水變成水蒸氣體積膨脹倍增之後推動活塞產生「活塞運動」，然後帶動齒輪組形成機械力形成「電動機」或「發電機」原理來工作。

根據老孤「混蒼生(Chaos Life)」一書的想法，如果有一天我們能夠將「電動機」與「發電機」互相作用形成「一體兩面」的情況下永恆循環不知能不能減少能源不夠的危機，然「電動機」與「發電機」形成道○型或∞型的合併運用，一方的輸出等於另外一方的輸入，完成整個循環系統的話，不知道對我們這個世界會不會有所幫助。

至於「核」研究就是老孤的能力範圍之外了，不過多多少少還是有接觸一下相關資料以及朋友提供的資訊，據說「核」是利用放射性元素會自然衰變進而產生能量去行類似蒸氣機的原理來發電的，每當核衰變快完成時，利用一種發射頭發射一顆核元素質子讓元素又充能改變回原來的「高價元素」又回到放射衰變原路，如此反覆直到核元素物質不能使用變成核廢料為止。

這方面的確不是我的專長，而且我也沒有興趣去研究「核」相關運用方式，我只是隱隱根據「混蒼生(Chaos Life)」的理念覺得結合「核分裂」與「核融合」可能可以跟上述「電動機」與「發電機」形成○型與∞型的永恆循環來利用一下，朝永續能源的方向發展的想法，也不知道對不對，大家看看就好，不

一定要往心裡去，這只是一個外行人的想法罷了。

2-9「傳說中的匯流排(BUS)」

如果簡單去了解所謂的「匯流排」，其實就是一些傳輸管道的介面(Interface)，從早期的 AT-BUS 到 IDE、EIDE、SATA…等，VESA、AGP、PCI、PCI-E…等。還有顯示介面接線，雙絞線、電纜線(Cable)、S 端子、AV 端子、D-SUB、DVI、DP、mDP、HDMI…等(各種匯流排介面傳輸方法一直在發展進步中，甚至最後都會為了控制支援特殊的匯流排介面而去發展獨特專用的晶片來支援各種理論的匯流排介面，實踐更加安全、快速、穩定的資料數據傳輸，這方面由於老孤從沒有什麼去研究它的相關技術，所以讀者請自行去吸收相關知識。

老孤只是提供索引方向供各位讀者參考，首先就是科學原理傳播能量的三種方式「傳導、對流、幅射」的聯想提醒及各種材料導電率(例如「銀」質比「銅」質導電性更好之類)或光傳輸的原理，超導體研究進程以及有線傳輸跟無線傳輸（Wireless）兩種方式的差別，這些都是各位研究的方向。當然還是不外乎「聲」、「光」、「熱、「電」、「磁」、「核」，種種能量方式科學知識的發揮，排列組合的聯想作用研究來推進匯流排進步的速度，來不斷的加速我們傳輸資訊數據的功能。

不過最近「量子物理」的科學研究傳輸方法好像比較有前途，因為據說量子糾纏有一種鏡射的特性，其原理是原本「各自為政」的量子給糾纏處理過後成為「一對量子」，不管這兩顆成雙成對的量子相隔有多遠，將其中一個正轉另一個一定瞬間逆轉之類的功能特性，而且中間不需要介質，也不確定是不是幅射的方式或許也是另一種未來傳輸的研究方向，讀者們如果有興趣也可以去研究看看這一類的科技資訊，老孤就在這裡恭喜祝福各位了。

（PS：名詞解釋－所謂的奈米科技，其實就是對更加微小的物質進行各種科學行為的一種科技，例如：「顯微鏡」可能會變成「顯奈鏡」可以做出更加精細的東西，例如灰塵水珠都沾不上的奈米科技衣服，因為太精緻細膩了，所以太大顆粒的東西附著不了磨擦力太小沾不上去，相對可能奈米紙張也不能用現在的墨水來著墨，可能也要發明奈米墨水之類的特殊材料才能附著在奈米紙上。）

3.「軟體的幻想藍圖」

前面哈拉了一大堆「硬體」相關的知識其實都是些一板一眼大而化之的「物理」、「化學」原理延伸出來的的主題解說，除了因為本書並不是專門教導技術工具書，所以並沒有參雜那些細緻的資料或數據。

而且老孤的寫作方向一向以「啟發」思想做為提供讀者多種選擇為主，而不是強迫灌輸的「塑造」思想讓使用者被動接受哪一種最好建議的洗腦強迫接受，就是因為「塑造」廢力而且對讀者沒有多大的好處，很容易讓讀者變成死讀書不會主動自我去思考的機器。

當然也因為老孤個人對「硬體」研究的興趣缺缺，所以就只能大而化之的不想參與到實務技術研究實驗的工作方面上，這是我個人的興趣愛好選擇，讀者們或許說不定有另外的想法。

但是畢竟硬體是軟體的基本載體，相當於我們身體是我們「靈魂」的載體一樣重要，沒有人能確定「靈魂」離體之後的去向問題，但是大家幾乎都知道沒有「軟體」的「硬體」就是「屍體」的結果而已。

由此可衍伸出一個道理，創造軟體的最終目標，其實是在塑造一個有意識選擇的靈魂，然後用自然環境去培養出它的「自我」，所以軟體最高境界的研究，也就是理想的極致 A.I.「人工智慧」，AI 完善之後一個機器人的「理性」部份大致就算成功，又要開始蒐集各種資料數據去做「大數據」的研究以完成「感性」情感的選擇部分。

至於最後電腦生命的「自我」可能不是目前半導體這種無

機物本質無情的元件所能模擬出來的，畢竟電腦的基礎結構是半導體，所有研究出來的電子電路元件，不是「開(1)」就是「關(0)」的實際動作，充滿著執行命令的冰冷物體理性性情，所以才能有如此的快速執行效率，從來不會違抗思考命令的機器本質性，一旦它們猶豫不決之時，除了耗能量屁事不幹的計算形成所謂的思考之外，或者還會陷入情感選擇陷阱之中而不作功（如果它沒有自我主觀的話）」。

那樣就違反我們創造電腦出來的初衷了」，可能將來需要「生化元件」來做為 AI 機器人的「心」與「腦」，「心」提供機器人「動態魔欲」，而「腦」提供機器人「靜態神性」（「神魔同體」之說請讀者參閱老孤的另一著作「混蒼生(Chaos Life)」），也唯有同時擁有「靜態」及「動態」互相矛盾的二種狀況合二為一才有可能衍生出電腦生命的「自我」。

如果你讀過關於「數位電子學」之類的書籍，其實應該知道「電腦」的所有溝通訊息，不外乎就是各種 0 與 1 的電壓電流驅動的邏輯「布林運算」交織而成的「機器碼」，代換出來的各種數據化控制、通訊、計算與動作的電子電路物理理性運用過程而已。

但是「數位電子學」所研究的「╳」狀態=不用關心(Don't Care)的灰色地帶狀態（或許可能利用二極體「障壁電位」地帶丟骰子亂數決定採理性還是感覺為主，可以參考「3/7 分界線」這篇的混蒼生論文），就是最高等「模糊邏輯(Fuzzy Logic)」在研究 A.I 的課題之一，唯有擁有「自我意識」的機器生命，才可能是一個活生生的有機物人型生命。

身處在現代的我們，目前離那一步還有些距離，並不是那麼容易就完成的，我個人認為除非加入「生化物件」形成「腦」及「心」，否則我們離成功製造電腦生化人那一步還很遠。

3-0「數位各進制形成的資料與軟體之間的關係」

　　當我們拿到一個軟體載體的時候，通常如果是新品都是一些純粹的空白未格式規劃的儲存空間，這些媒體其實都需要完成一項「格式化(Format)」的工作，規劃好磁碟的 MBR 分割區分割表(利用相似 FDisk 的程式分割好 DPT)，然後就是分割區內的檔案格式規劃工作，將分割區定義成你需要的「檔案格式」，例如：FAT12、FAT16、FAT32、HPFS、NTFS、XFS，JFS、FFS、ZFS…等格式，至於是格式化成什麼格式，需要視各個開機作業系統 OS(Operation System)而定。

　　完成格式化工作之後才能開始儲放各種檔案格式的設計功能，當然還有第一磁區的主要啟動磁區 MBR(Main Boot Record)，有興趣了解第一磁區功能的人請上「維基百科」搜尋了解。

　　這個磁區是開機自我測試程序(POST)完會進入的區域(這要視 BIOS 晶片設定的儲存數值而定)，畢境現在 BIOS 裡面都可以設定由那個磁碟載體的 MBR 來開機，甚至我這台電腦可以在開機畫面按下 F8 鍵，選擇您要使用的開機載體裝置。

　　承如前面所有章節所言，電腦其實都是由各種各樣的數據電壓電流形成的 2 進位數字(Binrary Code)來運用成「控制」、「通訊」、「計算」或者「儲存」成文件檔案記載，但是最終所有的數據資料訊息都轉化為 16 進位碼(Hex Code)，形成檔案或稱文件而具體化儲存而成，差別只在於各種檔案結構所構造出來的儲存格式不同而已。

　　副檔名其實是最早期的檔案格式區分，在個人電腦時期 PC(Personal Computer)的 DOS(Disk Operation System)磁碟開機系統的時代，由於全球通訊不便，所以就各區域電腦技術開始自我蓬勃發展出各式各樣的「檔案結構」形成各種檔案格式

的出現，自從網際網路全球互相合作競爭下，標準公共規範才真正的開始制定，然後交給使用者市場彼此互相競爭合併，最終才形成目前的局面。

然而如果全是 16 進位數字的話，鬼才知道那些 16 進位碼到底代表著什麼意思，所以「美國資訊交換標準代碼 ASCII(American Standard Code for Information Interchange) 應運而生，如果想知道詳細情況的讀者請自行上「維基百科」查詢了解，而後來又有所謂的 ANSI、Big5、GB…這各國文字編輯而成的編碼表，來解決檔案 Hex Code 轉換成本土在地(Local)，進而將數據資訊丟往顯示功能代換出各種依編碼格式解碼出來文字。

所以如果你是用 ASCII 的英文編碼方式去開啟 Big5 編碼的檔案，你就能看到「中文在英文環境的樣子」一大堆畫面的亂碼讓你開始懷疑人生或者你的電腦是不是中毒或被外星人盯上了，這種情形在電腦世界裡被稱之為「沖碼」，所以檔案編碼方式必須擁有相同編碼的支援才能正確的解讀文件。

同理也是如此並不是副檔名叫 BAT、COM 或 EXE 就一定能在作業系統下直接當執行檔，作業系統 OS 會去讀取檔案內部的 16 進制碼儲存格式來判斷檔案的儲存格式類型，它認不認識有沒有登錄相關應用軟體，按照使用的檔案格式判斷出來的檔案種類，再使用相對映的軟體支援來解碼讀取該檔案的資料來使用，完成所有的讀取作業功能，寫入載體的檔案也會經此步驟依照你的設定編碼格式儲存成檔案寫進載體之內。

至於檔案種類副檔名只是一種參考而已，現在已經淪落到給人看的功用，甚至有惡劣心思者將病毒或木馬偽裝成無害的副檔名來騙人放下戒心使用而中鏢，副檔名的迷惑作用之下「使用者」有可能會被騙，如果寫程式的大爺忘了這個漏洞，也有

可能將帶有病毒、木馬類型的程式碼，塞進看起來無害但是有「執行」功能的檔案裡面去進駐使用者的電腦，所以現在不少擁有執行功能的文件檔案，都被禁止在網路上傳播，以減少破解者入侵的窗口。

　　接下來就是講解 2、8、10、16 進位之間的差別，不過各進位之間的轉換老孤在這裡簡略的教學，因為這些教學文件早就充斥了網路，請各位讀者自行爬文去精進，一般程式設計師才比較需要了解這類轉換的運算方式，老孤在這裡只是簡單列個表而已，並不是不想教，是我只有有限的篇幅寫作空間，必需合理運用所有頁數來達成我一體成型的寫作方式，請多包涵。

2 進位數值碼	8 進位數值碼	10 進位數值碼	16 進位數值碼
0000　0000	000	0	00
0000　0001	001	1	01
0000　0010	002	2	02
0000　0011	003	3	03
0000　0100	004	4	04
0000　0101	005	5	05
0000　0110	006	6	06
0000　0111	007	7	07
0000　1000	010	8	08
0000　1001	011	9	09
0000　1010	012	10	0A
0000　1011	013	11	0B
0000　1100	014	12	0C
0000　1101	015	13	0D
0000　1110	016	14	0E
0000　1111	017	15	0F
0001　0000	020	16	10

　　如果各位讀者眼光夠犀利的話，就會發現一些進位的轉換相對關系，例如：1 個 16 進位址=4 位 2 進位址，而 1 個 8 進位=3 個 2 進位址，來快速轉換彼此之間的換算。(這也是台灣某公務員說 10 根手指可數 1024 的原因，因為他是用 2 進位去數的，2^{10}=1024 的觀念轉換「例如：手指拗下代表 0、手指伸直代表 1」)

　　至於 2 進位(用 B 表示)、8 進位(用 O 表示)、16 進位(用 H 表示)與 10(用 D 表示)，而 m=該進位位址的數據，n=各進位的第幾位數，進位互相換算的公式如下：

$$D＝「m\times(B^{0})」＋「m\times(B^{1})」＋\cdots＋「m\times(B^{n-1})」$$
$$D＝「m\times(O^{0})」＋「m\times(O^{1})」＋\cdots＋「m\times(O^{n-1})」$$
$$D＝「m\times(H^{0})」＋「m\times(H^{1})」＋\cdots＋「m\times(H^{n-1})」$$

而 10 進位轉換 2 進位、8 進位與 16 進位的計算如下：

17(10 進位)=10001(2 進位)

17(10 進位)=21(8 進位)

17(10 進位)=11(16 進位)

　　至於那些所謂的 BCD 編碼，還是取補數的各種計算方法，老孤就不在這裡說明了，他們都是用來作為編碼或計算運算之用。

最後來解釋一下各種名詞吧，如下所列：

1 位元(1 Bit)=1 條電線=2 種變化,產生 0(沒電)或 1(有電)兩種數值當下時脈(Clock)電源波形的組合變化

1 位元組(1 Byte)=8 位元=8 條電線=產生 00～FF(0～255)種數值組合變化

2 位元組(2Bytes)=16 位元=16 條電線=產生 0000～FFFF(0～65535)種數值組合變化。

單位縮寫詞:這個部份我就不做表格了,各位讀者有興趣想知道請上「維基百科」搜尋「國際單位制詞頭」,這裡面有詳細的記載,我就不抄課文了,反正有資料可查,沒有必要去背這些,用來浪費篇幅。

說到這裡希望老孤已經在各位讀者心目中種下,電腦不過是各種數據化的控制、通訊、計算、儲存與轉化能源運用方式的機器而已,只要我們能夠將「全世界」的所有現象或邏輯給「數據化」編碼,電腦通常都能處理並展現,而電腦不過也是一種上千萬二極體形成的「開關」總集合體。

3-1「數據與各種感覺官能之間的代換轉變」

其實這方面比較偏向「感官編碼」,不知道有沒有規範這些範圍的數碼格式檔案,至於觸覺、聽覺、味覺、嗅覺這四種感官我個人沒有什麼研究,也不清楚有沒有相關的規範,我想這目前應該屬於:

VR(Virtual Reality)虛擬實境 、AR(Augmented Reality)擴增實境、SR(Substitutional Reality)替代實境、MR(Mixed Reality)混合實境。學問的範圍,這方面老孤沒有接觸過,所以就不在這裡裝內行了。

　　我在這裡主要說明關於「視覺」的部份，我們的眼睛之所以能夠看到顏色的變化，其實都是光學粒子的「波粒二象性」、反射、摺射、繞射…等。各種顏色頻率波長光波幅射進眼睛的緣故，其實「光學三原色」就只是紅綠藍 RGB (Red Green Blue) 這三原色調配電壓電流組合而成。

　　而目前繪圖及顯示界將它們分為 0～255 種色階變化也就是 1Byte，所以紅色 R=00～FF、綠色 G=00～FF、藍色 B=00～FF 全部加起來就是 256✕256✕256＝16, 777, 216 色=1677 萬色=24 位元，如果再加上透明度 Alpha 通道 1 Byte 的話就是=32 位元的真實色彩變化，像 Photoshop 這類的繪圖軟體甚至還多加了 1 Byte 顏色的飽和度色階變化(真實與幻影的感覺)=5 Bytes=40 位元的顏色變化。

　　這代表著螢幕上 1 個像素點(Pixel)需要 5Bytes 的資料，如果再加上解析度 1024✕768✕5 Bytes=1 個畫面所需要的像素點數(1024=X 軸橫行像點數、768=Y 軸直列像點數)這個數值有多大各位心理應該有數了吧，這才是一個靜止的畫面而已。

　　如果要產生「動態效果」據老孤遠古遺留下來的記憶好像說，每秒至少需要 10～12 張圖，才能產生「視覺殘留」的動畫感，而且現代的「影格率」FPS(Frame Per Second)並沒有這麼低，有興趣了解的讀者可以上維基百科查查「影格率」或「FPS」，老孤就不抄資料了。

　　由此各位讀者可以知道高解析度的影像畫面有多麼的吃數據，尤其現代還有所謂 4K、8K 這種超高解析度的影片，動不動就 4 千、8 千 X 軸橫行像素點的精細程度，還有沒乘法算上 Y 軸呢，所以各位讀者可以知道高解析、高色彩、高影格率的顯示功能有多麼的操顯示卡了吧，所以現在顯示卡都需要自行發

展 GPU 晶片來分擔 CPU 晶片的工作，那個數據量光是想想就知道有多大。

　　這就是老孤所知的一點影像視覺的知識，有興趣深入研究的讀者請自行去爬相關的網路文章，這裡我只是稍微簡單的介紹一下，所以視覺資訊檔通常都需要特殊的壓縮數據方法來傳輸，壓縮影像雖然可以縮小傳輸的數據大小，但是可能會造成畫面「失真(這也叫做「失真壓縮」)」，所以早期的影片有時候失真的嚴重，甚至會有畫面顯示小小的格狀分割感，相信有點年紀的讀者或許都有印象。

　　正如同之前的所有應用一樣，只要能夠將「知識」、「學問」、「感覺」、「動作」、「功能」、「現象」…等，給「邏輯數據化」。電腦就可以「控制」、「通訊」、「計算」最後「展現出來」成果讓我們感覺的到，過程就是各種知識學問的「邏輯數據化」編碼及解碼執行而已，利用解碼出來的「機器碼」提供的「數位電壓電流」帶動相關「元件裝置與配備」內的電路來達到我們要的結果。

3-2「創世工具的程式語言」

　　基本上所有想要成為一個電腦高手的人都會走上學習「程式語言」這條道路，因為「軟體世界」是一個在「硬體裝置」許可支援之下可以盡情扮演神祇高人一等的自由幻想築夢的空間，而創造世界的工具就是各式各樣的「程式語言」，所以「程式語言」在軟體世界裡相當於「神」的「創世工具」。

　　最為理想「程式語言」的設計應該結合「自我」之後產生的「意識」，然後為了「表達意識」所發明發現產生的二種父母雙系的基本學科「語言」與「數學」，進而衍伸出的「邏輯的理性本質」及「美學的感性欣賞」最後形成「駭客心眼技能吸收

思想的操練」,所以您程式寫的好不好通常都跟你這些學問有所關係,最佳的程式語言目標如下。

「易學易記」、「文法邏輯簡單」、「所有環境都適用」、「成品檔容量越小越好」、「少占電腦資源高執行效率」、「多人多工的功能」、「跨所有平台」、「支援多國語言」,甚至應該可以結合「作業系統 OS」的「命令列(Command Line)」功能也就是一般所謂的 Shell Script 的功能。

但是最科幻的「程式語言」應該還要結合 AI「人工智慧」,使用者腦子只需要「想一想目標功能」,剩下的工作電腦都自動幫你創作完成,這才是最終的目標。不過「完美」並不存在,所以有一利必有一弊,真要發展到那個目標,那麼人類就再也沒有進步的需要,只需要天天傻樂娛樂就好。

話題扯遠了,目前市面上所謂的高低階程式語言的差別,基本上是以越接近「硬體電壓電流命令」的「數位語法機器碼」越低階,越接近人類能懂的「邏輯語法文學」愈高階,所以如何結合這兩個「雙極端」的情況而成就最強大的語言,才是「設計程式語言」的設計者孜孜不倦在追求的最終目標。

使用者是不會在乎你的程式開發艱難程度的,對他們來說只要「簡單」、「效率」、「快速」、「便宜」所有利於他的利多功能就是好的東西,至於「開發過程」你會不會「爆肝」不是他所能體會及在乎的。

所以對「程式設計師」好的語言,不見得就能符合「消費大眾的需求」,這一點大家要清楚知道,不要以為你使用最好的「程式語言」寫出來的程式就一定符合消費者的期待,他們不太可能在乎這些,只要好用、簡單、便宜、快速就可以了,其

實你用什麼「程式語言」只是對身為「程式設計師」的您有利罷了，消費大眾不見得買單。

「程式語言」最真實的面目就是「邏輯語言包裝轉換過的數位電壓及電流的機器碼」，所以「程式設計」等於「操控電壓電流的一套語言劇本」，程式語言最終的目地就是「一個命令、全部搞定」，所以最接近「機器語言」的「組合語言」就很不符合程式設計師的偏愛，不過它卻是最接近機器的語言，每一個指令都是「硬體」必須經過的工作流程。

所以學習「程式語言的方法不應該侷限於語法邏輯的舞文弄墨」，應該「思考每一道指令背後電腦硬體結構會如何運作」，這才是真正學習到的知識學問，而不是死背硬記各式各樣的語法，背或記下來練成下意識動作，你頂多只是一種程式語言的程式設計師工具人而已，除了加速你的工作速度效率，其實對你的知識學問進展並沒有太大的幫助。

老孤學過十來種程式語言，看過幾百本程式語言的書籍，讀過上千則程式寫作範例，然而最讓我自豪的不是我會用多少種程式語言來寫作，反而是我從各種語言的範例中不斷的了解電腦的運作千篇一律的流程及設計者的設計思想吸收，更重要的是加強我自己的「駭客心眼」及「學電腦」的目地及感覺技能磨練。（這兩篇文章請參閱老孤所著「混蒼生(Chaos Life)」

因此也造就了我曾經不用看「程式碼」就能 Debug 的能力，技藝練至巔峰之時只需要感覺一下、測試一下程式，看一下電腦的種種反應，大概就知道 Bug 出在哪裡，那種實實在在電腦運作的知識學問吸收。

而且我年輕時候學習一套新的程式語言不會超過 3 天。因為我都不記語言語法邏輯，我只需要語言的辭典及語法規則之

類的東西了解之後，剩下的電腦運作流程幾乎千篇一律，沒什麼重大的改變，一般只讀各種思想吸收電腦運作流程及示範範例即可，剩下的工作完成跟著感覺走就是了。

所以現在的我很感激上高職學校時那些無聊的硬體課程實習操作，果然硬體才是軟體的開發基礎，學校並沒有忽悠及誤人子弟，只是當時的我們太年輕沒有領悟到硬體知識的重要性，這也是為什麼本書開頭以枯燥乏味的硬體知識來開場，正所謂「君子務本，本立而道生」。

老孤學過的程式語言實在是太多了族繁不及備載，所以最後發現它們大部份都是因應時代的需要而產生，唯一不落伍永遠有效的只有「機器碼實用操作」或「組合語言」的永恆存在，其他的所有語言都有可能會有消失的一天，只要不符合時代的需求就會被時代洪流給淹沒，成為走入歷史的里程碑。

所以如果初學者要我建議學習一套程式語言的話，低階語言目前我個人推薦「NASM（聽說是一款跨平台的組合語言）」，高階語言的話我個人推薦「Go 語言」，至於其他語言視你的工作市場需要而定，畢竟都有它的生存依據。

「存在」就是合理的，這沒有什麼對錯可以爭論，因需求才會「存在」、而「存在」的本身就是真理，也就是說它不用講道理，只需要做好自己的選擇就好，其它的一切就交給大自然去決定吧！

「低階程式」語言就像外科醫生用的手術刀工具組，例如：組合語言，而「高階語言」就像是曾經因為馬蓋先美劇流行於台灣的「瑞士小刀組合」一樣，例如：程式語法愈少愈方便的語言。

對於一個入門級的初學者來說，老孤個人建議您去精通 1～2 套程式語言就好，其他方面其實沒有什麼好多吃多佔的，除非現實逼得你迫不得已，不要被徐志摩的「數大便是美」給忽悠去貪多嚼不爛，多學而不精也沒有什麼實際的操作性。

程式設計的過程其實就像是在「庖丁解牛」，也因為您所使用的程式語言工具而有所差別變化的不同，手術刀可以很精準的支解整個牛，甚至在牛肉身上刻花作畫搞些藝術化工作，使「技藝合一」為您的程式更佳優化加分。

唯一的缺點就是過程得花費大量的心思功夫，巨量的時間來完成你的「解牛」過程，甚至需要很好的「生物結構」知識來充實您實際工作的需要，才能達到精細的盡善盡美。

不過越低階的程式語言使用，就代表您越有實際的「物理」、「化學」、「數學」…等。各式各樣的實際真實知識來支持您的「程式語言」寫作大業，相對你的電腦技術功夫也就越紮實，不容易被時代淘汰，因為你不是去學「程式語言的語法」而已，你學的是實實在在的電腦運作知識。

而使用「高階語言」的差別是，「大開大合、一刀下去、天下太平」，不需要什麼太好的知識學問與技術支持，很快就能把一頭牛給大解八塊暢快淋漓、大快朵頤無人能及的速度快感，簡直豪邁的一塌糊塗。

缺點就是設計出來的程式碼可能因為多功能函數或指令的關係，一些無用的冗碼可能被編譯成機器碼進去檔案，空間佔用太大而執行起來沒什麼效率，只是方便程式設計者並不能寫出高質感的程式，不過方便性倒是不錯，有點像瑞士小刀要切刀不利，要砍刀無力，樣樣通等於樣樣鬆，就像老孤一樣。

　　低階程式語言可以很精細的控制每一道硬體指令、通訊與計算，對喜歡追求完美不向現實低頭的程式設計者來說無疑是一件美好事物的追求，甚至可以很過份的說你只有學會真正的低階語言你才能真正學到「程式設計」而不是別人塑造出來的語言環境而已，這一點程式語言的使用者必須明白，不要沉迷在語言環境的語法鑽研糾結之中。

　　「組合語言」的好處是每一道指令都是電腦硬體工作流程的展現，沒得逃避的過程，一舉一動都在你的命令下完成，可以很精細的完成你的程式設計，缺點就是如果你的硬體流程控制的知識學問不足，可能寫不出什麼高明的程式。

　　以上就是「程式語言」的所有面目，但實作不是一朝一夕所能完成，唯有不斷的設計精進吸收電腦運作控制流程進度，才能不斷地增進您的電腦功力，可以很不客氣的說，學不會「程式語言」，你可能就成不了一個真正「懂電腦」的人，想要成為一個成功的「程式設計師」，您所要會的知識其實是很多的，更別提成為老孤心目中的雅痞「駭客」了。

　　最後就講講「程式誕生的過程」，一般來講程式功能檔案的產生分為 4 個步驟：

1. 利用「各種作業環境下」的「文字編輯」程式寫作成程式語言的語法流程劇本文件檔案。（當然你如果喜歡插電線操控晶片也是可以）

2. 利用語言編譯程式形成各種環境下的目地檔案 OBJ，程式功能檔案會被編譯成「機器碼」成 OBJ 目地檔。

3. 利用「連結程式」LINK 連結 OBJ 目地檔及「創作作品外」的各種所需資源功能檔案組合而成的執行檔。

4. 上線使用並且等候回報各種使用情形及漏洞 Bug 改善工作，使得你的大作越來越完美無瑕。

目前還有一種叫 LLVM 的名詞各位可以上「維基百科」去了解吸收一下，或許對您的寫作有所幫助，剩下的就靠各個使用者自行去努力達成練功的目標了，希望我們的下一代不會變成一個個的工具人，一脫離了設定安排好的「某種工作環境」之下就不再會寫「程式語言」及「操控電腦」了。

至於詳細的「程式語言」教學書，不是薄薄一本 200 頁左右的書籍可以手把手教會的，而且這種實際層面的詳細操作書籍是老孤我最痛恨的作品，因為沒有什麼思想含量，完全就是處於「程式語言」設計者設計的環境之下的發揮，不允許有太多的自由思想的限制環境下發揮，所以請各位讀者自己去爬文參閱學習了，老孤所能提供的只是一些全方位的視角告訴你真相而已，至於怎麼選擇則是你的權利，我無權干涉。

3-3「全能管家的作業系統」

作業系統 OS(Operation System)在一台電腦的軟體世界中，是一個類似大家庭裡的超級管家或各集團商業公司執行長(CEO)的秘書般角色存在，它所處的位置是「使用者」與「電腦硬體」之間的「中介橋樑角色」，它所要做的事情就是管理所有「硬體資源」並調用所有資源的一個「伺服平台環境」的存在，管理並提供各種現在環境呼叫資源的方式方法，方便在其環境上的使用者調配使用自己的硬體資源和其他軟體。

所以可以說「作業系統(OS)」的角色相當重要是軟體世界僅次於「程式語言」的重要存在，當然它也是「程式語言」所創造而出的一隻大怪獸，並且擔負著最為吃重的軟體載體主角

角色位置，同時它的環境下還需要提供「程式語言」的設計功能，以及其他應用軟體的仲裁提供者身份。

　　和一般的應用軟體一樣，使用者選擇的通常都是快速、簡單、方便及免費…等。綜合功能上對使用者選擇有利的作業系統來使用，可惜設計越好的作業系統它應該更加不需要操作，完全就是一個助手的角色，如同上節「程式語言」裡面所講，最後使用者使用電腦不用學習這麼多的條條框框，只需要直接下命令即可辦到所有事情，這才是最完美「作業系統(OS)」的存在，不過人類的存在感就永遠消失在軟體世界裡面。

　　然而作業系統的選擇是一種很主觀的選擇，使用者本身的生活態度及習慣自然會做出最適合自己的決定，所以雖然作業系統如果壟斷行業的話對人類發展速度有很大的幫助，但是就像老孤說的那樣，沒有「完美」的存在，有一利必有一弊，正反兩面的評價一定會共生共存相互競爭的存在，才能維持我們世界的平衡發展。

　　完美的作業系統是不需要人為來操作的，但是如果全部交給「機器」去替你作決定，它又逃避不了電腦本身開關形成舉動的命令執行般的「無情」本質，所以也是有反對進步甚至拒絕放棄自主權的族群，這是一種「人主宰機器」或「機器控制人」的倫理問題，與正確與否沒有任何相關的立場，純粹就是一種主觀意識選擇過得生活態度。

　　作業系統 OS 分為單人單工、單人多工、多人單工與多人多工的幾種排列組合的發展方向，不過目前最主流的市場還是「多人多工」為最終的選擇依歸，畢竟人類的速度再快也快不過電腦將近「光速」的動作速度，所以為了不產生電腦工作時脈時間上的浪費，電腦才會朝「多工(一次執行多個程式)」的方向

發展，以期達到完美分配使用電腦硬體資源及時間的目標，讓使用者可以一次執行多種程式來工作。

　　而早期的電腦設備相當之昂貴，所以並不是所有機構都能買得起的一種機器，也就造就了「主從式」架構的作業系統誕生，一台「伺服器(Sever)」電腦主機，連接很多人的「客戶端(Client)」終端機(只有螢幕、鍵盤及傳輸進主機的元件)，提供給所有人一起分享一台電腦資源的使用(多人單工)，加快彼此的工作速度與進度。

　　所以說電腦作業系統其實是根據硬體架構而開發出來作業環境而用，是跟著硬體產業衍生出來的產品，最早時期的工業水準並沒有那麼高時，硬體設備昂貴的不堪想像，所以流通於市面上的電腦都沒有太多的資源可以設計軟體來使用。

　　想像一下如果沒有硬碟的發明，你能夠在老孤學電腦的時代使用 360KB 或 1.2MB 的磁碟片空間內裝載 Win10 這麼幾十 GB 容量龐大的系統嗎？光是換磁碟片執行讀取作業就會讓你知道，不是你在操作電腦而是電腦在操作你。

　　個人電腦一開始使用的作業系統是 DOS(Disk Operation System)，可惜因為硬體環境所限，所以 DOS 沒有辦法達到今日之作業系統的安全細膩多功能的地步，使用者一般都需要了解不少操作知識學問才能駕御自己的電腦應用，所以越原始的操作環境才是電腦高技術工作者產生的環境，經過 3x 多年發展的電腦，無時無刻都在削弱我們每個人的技術能力。

　　現代的電腦操作幾乎已經沒有多少學習的空間了，電腦操作簡單的要死，越來越容易的環境對我們本身的技術發展影響就會越帶向精細細節的繡花工程。

　　所以表面上我們的電腦功能越來越強，可是技術層面上的我們越來越弱（真是「生於憂患、死於安樂」），甚至淪落到只剩下寫應用軟體 APP 的地步了，一層層發展完善的環境結構，正在不斷削弱隔離我們的硬體技術接觸層面，使得我們自己學習打造創造環境的可能性不斷流失。

　　不過這是人類萬惡之源的「惰性」使然，既然是自然的天性我們就沒有什麼好抱怨的空間，好壞都是自己選的路，走不走的還是你自己的選擇，沒人有興趣去面對困難冒險解決技術問題，我想再過幾十年，當電腦 AI 完成設計之後，人類會漸漸不需要知識而整天混吃等死了。（也就是我們在漸漸邁向不思考純粹接受的精神死亡或無能解決問題的地步了）

　　說起來很諷刺，我學電腦的初衷居然是讓自己越來越迫害自己的後代，就像很多老一輩的人一樣，努力工作的目標是提供下一代更優沃的生存條件，但是這種行為簡直為了他們將來更加紈絝而不上進，沒有經歷過大風大浪磨練的人，是很難毅立於世界上而不倒的，這也是為什麼有「富不過三代」感慨的話會出現的原因，所以怎麼選擇學習角度心態立場，這才是老孤寫作本書通透的說明這一切的原因。

　　為後代想太多給太多的幫助反而是在污辱他們的智慧，剝奪他們自我成長的空間、削弱他們的自主能力及磨練的機會，而理由居然是為他們好（我實在看不到好在哪裡），你只是在希望你的後代過你想像的生活，而不是給他他想要的生活，所以替人做決定，不如給他更多的選擇方向由他自己決定自己的未來，才是一種我認為最好的愛。

　　希望不要再說為別人好的話語，因為你自己為了完成自己的想像執念，其實本質上也算是自私的，所以就別用好聽的話

語來包裝自己的行為了，因為我實在找不到存活在現實的世界上，真正擁有大公無私這個稟性的任何邏輯理論的可能性。

話題扯太遠了拉回來吧，基本上電腦開機之後 BIOS 執行完 POST 程序流程，就會去 BIOS 設定的開機載體讀取磁碟的「主要開機磁區 MBR(Master Boot Record)」進入作業系統(OS)接手往後的所有程式程序，進入作業系統的工作環境範圍，一直到使用者關機為止，剩下的這段時間內你都生存在作業系統的管理範圍之下。

現今世界上的作業系統跟著硬體架構寫作而出，除了連絡電腦硬體所有的中斷功能指令呼叫之用，還必須管理多人多工環境下的 CPU「執行緒」時間分配決定，甚至是多核心控制、通訊及計算還有記憶體的分配與管理…等所有硬體伺服功能的提供，這些都是作業系統 OS 的工作範圍。

作業系統環境本身還要成為一個四通八達的中繼點，留下開啟「旁門」的道路，讓其他軟體可以透過作業系統來操作控制使用分配電腦硬體資源，達成作業系統存在的目標，它就是一個大管家角色的軟體存在。

目前比較主流的作業系統分別是蘋果公司(Apple)自己開發的 Mac OS(據說是使用 BSD 的核心所開創出來的系統，目前主要作用在 RISC 結構硬體上的作業系統，雖然 CISC 也有移植，但是我不認為會比原生環境好用)、微軟(Microsoft)開發的 Windows 作業系統及 Linux 跟 BSD 等 Unix Like(Unix 類環境的 OS)。

這方面的公規標準是可移植作業系統介面 POSIX(Portable Operating System Interface)，至於守不守標準實不實做出來

的開發及發展只能說聽天由命，畢竟商業公司做的就不是慈善事業居多。

這些 OS 老孤都曾經接觸過，雖然我心是心向 Unix Like 的 OS，但是我的肉體目前還是比較誠實的接受 Windows 的屠毒，因為它實在愈來愈自動了，而且提供的各種應用軟體也比較全面支援，畢竟它們還是佔市場的多數，正符合懶惰個性的我，或許有一天我會重回 Unix Like OS 的環境，但目前對我來說還不是一個比較適合的時機。

但是世界上還是有需要那些免費OS能提供更方便使用及安全的環境，Unix Like 的缺點就是「美工精神不算太好，對我這種嚴重視覺系的動物來說很難過」，而且太過自由而鬆散，並沒有統一的標準，不過軟體都免費居多，而且還提供「原始碼」供使用者自己查看、學習及編譯程式來用。至少不像商業公司提供的 OS 那樣保密商業程式碼，造成潛在的使用威脅(例如：暗藏後門及木馬等等)。

作業系統的功用大概就是這林林總總的一大篇內容，大家知道一下就好，畢竟寫作業系統是程式設計師最高段挑戰的一項大工作，我相信不少「程式設計師」也曾作過自己寫「作業系統」的夢，但是最高段的「程式設計師」真正挑戰的目標都是「創語言」打造創世工具才是最終的目標。

選擇一個適合你使用的作業系統一般來說主要選擇你的硬體該作業系統有沒有支援為主，甚至該應用軟體的公司有沒有提供你所使用的作業系統環境下的硬體驅動程式，否則你使用那個不能提供你的硬體功能的作業系統，根本就是自己找罪受。

還有使用需要用到的應用軟體該作業系統有沒有支援為主，這才是一般人選擇一套適合自己的作業系統，應該要注意的事項，當然如果你是高段的程式設計師或開發商，這些對你來說都是必須面對及解決的問題，所以也不是一種統一選擇的標準，以自我意識為主的使用習慣才是不會被市場帶風向的好習慣，不會被作業系統所綁架及奴役漸漸的被洗腦成一個電腦奴。

3-4「千變萬化的應用程式」

電腦軟體中的各種「應用軟體(Application)」才是吸引消費者主要的市場，其中最為主要的是遊戲類的應用軟體，再來才是各種專業工作的專門軟體，畢竟人類生活的雙極端因素就是「生存」與「娛樂」的需求而已，所以被林林總總應用軟體拐騙進電腦世界的您，歡迎來到這個自由迷幻的築夢空間。

老孤當年就是被各種形形色色的遊戲軟體給拐騙迷上了電腦的，而且我也相信這才是最大宗的使用族群，至少我所認識的電腦技術工作者本身就很喜歡玩各式各樣的電腦遊戲，除了一些積極想成為人上人的人之外，很少有不被遊戲所吸引的使用者，畢竟以遊玩的心情來學習會比較輕鬆的多。

（而且也方便我們這種擁有駭客心眼的程式設計師吸收設計思想及思考寫作方法的靈感，玩軟體本身對我們來說也是一種學習程式設計知識及學問的方法。）

因為各種專業工作需要而成為電腦技術工作者的人畢竟不是最大宗的使用人群，因為遊戲入門電腦的操作門檻比較低，所以比較容易吸引大量人口來到軟體世界，因為生存需要所迫而去從事電腦技術工作的人畢竟是被動了一點，純粹是為了混飯吃而迫不得已的進入軟體世界。

　　由於這兩種態度的存在所以就造就了不同的需求取向，一般來說喜歡娛樂而成為電腦工作者的潛力，會比因為工作需要而不得不成為電腦工作者的人來得快樂一點，學習意願自然不需要被生活鞭策壓迫著前進，心情上相對愉快一些，學習上也比較自由而沒有什麼壓力之類的情形發生，進度當然比較容易一日千里，畢竟自願與被迫之間的參與熱衷度是不同的，一個是自我主動選擇、另一個卻是被動接受的。

　　應用軟體位列於 OS 的系統環境控制之下，屬於一種需要作業系統支援的開旁門的應用設計方向，有點類似傳統所謂的支援火力或叫插件軟體 PI「Plug Insert」，所以通常你要在某種特定的作業系統之下設計應用軟體，你可能需要非常熟悉或融入該作業系統的各種環境支援的實作函數或功能之下，受制於作業系統正規的支援才能實現你的「應用軟體」功能。

　　當然也是有一些不甘屈服於作業系統之下者，會找一些作業系統的麻煩突破作業系統的漏洞而開發出自由思想的軟體，這些通常都稱作第三方軟體（Third Party Soft），不過說來也是諷刺，作業系統的存在就是為了成為你的全能管家，但是「應用軟體」最終的目標通常實力足夠的話，都是準備代替作業系統而存在的發展目標。

　　有一些電腦遊戲其實本身已經類似於作業系統的存在了，例如：魔獸世界(WOW)，只不過各種不同軟體專攻方向的不同而已，其實某些「應用軟體」的規模之龐大已經遠超作業系統的存在了，所以如果各種作業系統不能一直更新換代的話，遲早會流失使用者的市場，漸漸被「應用軟體」給取而代之。

　　「應用軟體」有遊戲用的、寫程式用的、寫文件用的，辦公室套件、看電影用的、做音樂用的…等。五花八門應有盡有，所以一套作業系統能不能長期佔據領先導引地位，有時候通常

都是相關的「應用軟體」支援的有多麼充實來決定的,可以說如果今天 Win10 的應用軟體方面支援度不夠的話,而老孤所需要的「應用軟體」Win10 不支援而別的系統有支援的話,我二話不說就會立刻跳槽到另一個作業系統環境。

所以大家知道「消費者」與「應用軟體」的支援對作業系統 OS 來說有多麼的重要了吧,可以說作業系統如果不能一直保持前途展望與發展的話,被淘汰就馬上會出現,看似很強勢的作業系統公司,其實很可能被一套「應用軟體」給幹翻流失市場,所以寫作支援新科技技術是作業系統一直被迫執行的目標,這個管家可不好當。

目前軟體界有數種的版權宣告,使用者在安裝軟體之前最好了解一下版權聲明,以免觸法而不自知,基本上分作二大陣營,版權所有宣告(Copyright)通常都是需要花錢去買來用的軟體,當然還有一些自由派的在推廣公開原始碼(Copyleft),各有各的好處主要跟您自己的意識形態生活價值態度來決定宣告。

老孤不排斥使用者付費的態度,畢竟「程式設計師」也要活在現實之中,也要喝水吃飯,強迫別人免費服務有點不近人情的佔別人便宜。

但是靠著強大的消費市場任意剝削無權無勢無錢的消費大眾,也是太現實而勢利了吧,一套軟體沒有那個價值偏偏賣得那麼貴,活該你沒有市場發展的空間「某輸入法就是如此」,一個小小的編碼設計而已,居然可以賣到作業系統將近 1/3 的價值,是鑲金還是包銀?真是把我們當凱子削啊!

總而言之「應用軟體」才是消費市場建立的基礎,尤其現在的應用軟體各種 APP 愈來愈多的情況之下,更加龐大的市場

需要等著您的開發及展現出來，前題是你必需懂得各種作業系統下的程式設計環境，最好就是選擇跨平台的程式語言來寫作您的應用軟體 App，才能賺得盆滿缽滿。

當然最新當夯的發展方向就是網路軟體了，基本上網路本身就是跨平台的存在，至少各種網際網路的通訊標準如果不遵守的話，是沒什麼辦法在網路上立足的，這方面已經沒有什麼爭議的空間了。

想在未來的應用軟體市場上有所地位，我想發展主從式網路作業系統的方向應該是不容致疑的最多數目標，只是不知道需要多少年才能達成這個目標，所以各位有志參與未來時代的「程式設計」者，可以朝這個方向努力前進吧。

老孤突然發現愈高深的技藝者人群，最終都會由技術轉向藝術的發展方向，也就是生存需求被滿足之後大家才會漸漸的注重心靈上的需要，藝術美感的幻想追求，畢竟那樣的世界會比較美麗，或許這就是「愛美之心人皆有之」最真實的寫照。

總的來說「應用軟體(App)」及跨平台的各種點對點的網路應用軟體才是將來沒錢沒實力者會一直努力的前進方向，畢竟主從式網路會存在著階級問題，誰管誰的管理問題！

而誰也管不了誰，互相競爭合作無階級的社會才是所有社會制度追求的終極目標，努力前進的方向，所以請各位有志一同的諸君，一起努力的朝這個公平社會的方向加油前進吧，或許前路走著走著大家就都相遇了。

點對點(P2P)的社會結構制度是社會制度的最理想境界人人平等，但是卻不是很務實，因為他是違反私心的一種逆人心傳統的方向的理想改革者前進方向，有私心才是最正常不過的

人心取向，所以 P2P 的平等會有難以管理的憂慮，見人見智的選擇您的發展方向吧，主從式或P2P就看你自己的需求去選了。

4.「網路通訊世界」

前面的章節老孤有稍微提過一下網路的構成有公規規劃所謂的「開放式系統互聯模型 OSI（Open System Interconnection Model）」的七層結構，在這一個章節我們就專門來講講網路通訊的世界吧。

剛剛去爬了一下最新的資料，發現原來七層結構中其中兩層「第 5 層的會議層」及「第 6 層的表現層」已經被廢棄使用了，原因就是它們的功能，其它層級都能夠實現實作了，因此這兩個神主牌層級就沒有存在的必要了，所以除了最底層的「實體層」之外，七層結構就會變成「四層結構」也不知道，這是不是我前面所提流行的四層結構運用講解範圍，這我就不確定了。

首先我們要講的是七層結構的最底層「實體層（physical layer）OSI Layer 1」，實體層其實很容易理解，但凡我們眼睛所能看到的物理材料，通通都屬於「實體層」的範圍之內，這沒有什麼好不理解的，就是擁有「物體」的層面，應該不難吧？！

「實體層」最主要的工作就是維持網路卡對「傳輸訊號」的正常正確的收與發，不管「有線網路/無線網路」自然是依靠「硬體設備」的元件品質及各種物理化學材料來確保這一點的遂行，差別只是在無線訊號傳輸前需要經過「調變」步驟混合無線電波的調變為載體進而發送混合訊號出去，而接收目標方必需經過「解調」這個步驟還原原始傳輸的訊號。（就是不清楚有沒有類似 CRC 之類的硬體偵錯功能）

所謂的 CRC 是早期硬體上的一種韌體檢查的方法，我們都知道一般來說，1 Byte = 8 Bits = 8 條電線 = 256 種數值變化 00～FF(HEX)，所以聽說硬體本身會多傳輸一位數的 Bit，進

而產生 1 Byte = 9 Bits = 9 條電線的現象，至於多出來的 1 條就是 CRC 之用的。

前面 8 位元如果是用 XOR 運算的話 0 就是偶數（雙數）個 1，而如果算出來是 1 就代表是奇數（單數）個 1，而第九條電線就是確保硬體永遠是單數奇數個 1 用的，如果那個數據是 0，這條 CRC 電線就會傳 1，反之如果那個數據是 1，這條 CRC 電線就會傳 0，讓硬體可以永遠接收到單數奇數個 1，用以確保資料數據的正確無誤，沒有因為保存或傳輸而損壞，這就是傳統所謂的 CRC 的檢查偵測。

網路通訊的世界目前主要至少分成「有線」跟「無線 (Wireless Network)」，這兩者同樣都需要相對功能晶片控制的網路卡，只是「有線」在傳輸上使用的是雙絞線、同軸電纜或光纖電纜甚至是以後用「超導體」之類，需要實體連結各種網路運作設計而成各式各樣形狀的「網路拓撲（類似網路各種設備組合而成的佈局圖）」，所以因為物理物質元件材料的因素，「網破拓撲」擁有不少的排列組合的成形。

每個「節點」其實都代表著一種網路元件設備（不完全全部是電腦，也可能有路由器、閘道器、交換機…等），全部合成一種你正在形成的「網路拓撲」。

以前老孤 16 歲左右研究網路之時，被「拓撲」這兩個字給搞暈了頭腦，根本不懂什麼意思，畢竟當時我還沒有那麼多台電腦，可以形成任何一種拓撲，直到後來使用 Novell 公司出產的 Netware 軟體才形成我自己的「網路拓撲」。

以前一個「路由器 (Router)」或「閘道器 (Gateway)」橋接著一個「區域網路 LAN(Local Area Network)」與「廣域網路 WAN(Wide Area Network)」的交界處工作，用以跨足橋接二個

不同的 LAN，其實「路由器(Router)」跟「閘道器(Gateway)」的定義是不同的，它們之間的差異性如果區域網路(LAN)不大的話，大概是分別不太出來的，這方面的資料煩請讀者自行上「維基百科」去補課一下，既然可以找到詳細的解說資料，老孤我就不多事噴口水了。

有線網路的連線線材也是有規範標準及上限支援的網路傳輸速度之分的，從 CAT1～CAT7 各有各的設計使用時代環境，及上限支援速度，有興趣的讀者記得好好上網爬文哦。

身處網路最底層的「實體層」負責的就是這方面的「收/發」工作的，把其它最上層的「訊號原始資料」加上一些層級特定的傳輸協定資料揉捏成一個「封包(Package)」然後發送給下一層「通訊協定(Protocol)去處理，每一層的工作都是加上自己層級的資料，一級級的經過一層層往下傳，最後形成一個完整的封包。

由「實體層」調變傳輸出去網路上，而收封包的過程剛好是相反，由最底層的「實體層」一層層往上傳，一層層剝洋蔥式的剔除自己層級所需要的封包資訊，最後送到最上層的「應用層」然後解碼給使用者他所需要的資料，運用解譯出來展現在使用「應用軟體」的讀者面前。

由於篇幅有限而且其他資料都可以在「網路爬文」或「維基百科」查閱的到，所以在此我就不多說了，畢竟這不是一本專門講「網路技術」專精環節的書籍，所以就無所謂抄資料課文來唬爛了。

理論上實體層最重要，因為那是實實在在存在的物理裝置設備元件，也就是如果你拿著挖牆挖地的工具去把「實體層」的線路截斷然後打造成「三方通聯」的情形下。

這種方式的入侵及監控封包流經的路線中攔截的方式,是一定會犯罪的,這是屬於情報人員在做的事,我想不管根據哪一國的法律這種行為都肯定會犯罪及被逮捕審判的,畢竟你需要破壞別人的私人財產,才能完成這一系列的犯罪行為。

對於一般使用者來說比較重要的是最低層的「實體層」及最高層的「應用層」的軟體應用層面比較重要而已,其它層級我想都是可有可無的,或許哪一天又爆發出一個超強的「傳輸協定」,最終一統 OSI 上層六層的軟體工作方向。

可以包辦上面 6 層的所有工作範圍,直接與實體層溝通使用,統一整個軟體層面的工作,進而根本不需要經過其他層級的包包裝裝、加附與解除的增增減減我們從應用層或實體層接收的資料處理。

網路大概的知識學問就是如此,深究下去其實都是在抄資料課文而已,寫在本書之中也沒有什麼意義,純粹就是在混篇幅,並沒有什麼新奇可貴之處,所以「老孤」這種實在人就不多說了。

因為其他層級解說下去都是一些「通訊協定(Protocol)」的解說與運用資料而已,老孤也不是這方面的專門研究人材,所以就不說了,請有興趣的讀者自行去爬網文找資料深入學習研究,這不是推諉卸責,而是培養讀者們的自主性,別老是想偷懶的直接聽答案,讓別人替你選擇,最後再來呼天搶地的哀嚎被騙了…等。

目前網路比較流行的是 TCP 及 IP 的通訊協定組合,所以合併稱為 TCP/IP,光是這兩個通訊協定就夠寫一本厚厚的資料使用書籍,簡而言之 TCP 傳輸協定在 IP 傳輸協定的上層,兩個傳輸協定合成一種優良的組合運用傳輸協定,用來完成網路封包

收/發相關功能，最後表現在最上層的「應用層」交給使用的應用軟體解讀出來，完成整個傳輸的大業，愉悅我們龐大的網路使用者。

本章雖然解說了網路基本的動作原理，但是實際上卻是很簡化的說明，畢竟全部都是一套套的套路通訊協定，請各位讀者自行去查 OSI 七層結構的資料，因為都是在解說通訊協定，而老孤本身也沒有使用過那麼多種通訊協定，所以只能大概講一下原理，畢竟我的一天也只有 24 小時，老是糾纏在細節之中，我就不可能形成電腦世界的大局觀。

至於詳細的運用，這方面老孤也不會亂教，因為這是自由發揮想像的空間，照板煮碗的方式不符合老孤的品味與風格，因為不想誤人子弟，所以就不固化您的思想了，這一方面跟「賣油翁」的故事道理一樣，一步一腳印，只有積極參與進去對你才有所幫助，多看、多聽、多玩、多感覺、多思考為什麼，才容易活化你的腦細胞，而羅馬不是一天造成的。

本來軟體本身就是一個自由的幻想空間，就沒有那麼多的規範守則，偏偏喜歡搞統一格式，限制使用者的發展方向，這到底是對誰好都說不定，我只能說自由幻想空間的發揮才是一個軟體程式設計師或使用者該有的美德，否則我們這個世界會不斷的僵化，最後大家都變成僵屍般的存在，抹殺了自由自在的設計靈魂思想的空間，生理上你還活著，精神上你在漸漸死亡。

就如同老孤說的一樣，其他層級在結構中都是一種「通訊協定」的選擇使用及爬應用資料而已，抄課文來賺篇幅我這種實在發表感覺的作者，沒有什麼興趣去做這種事，我比較喜歡「啟發」出一個活絡的思想教學方式，不想塑造出一個一個腦袋僵化的死人讀者，所以這就是我不寫詳細的原因，活出你的

思想來自己去求知吧，因為別人教的雖然快速，但是子曰：「學而不思則罔、思而不學則殆」。

　　這方面的思想工作，老孤在「混蒼生」一書中已經說得很清楚了，「思考」這種行為是教不了的，因為越「教」越「弱」，完全屬於「自學」求知的一種行為，別人灌給你的知識很容易遺忘，但是自己辛辛苦苦去鑽研出來的學問，你可會記得不一般的牢固。

　　相對的使用「應用軟體」也是如此，如果你總是喜歡快速的教學方式而不是自行摸索實作研發出自己的使用技巧，其實操作方式都很容易淡忘，畢竟老孤玩電腦將近 40 年了，所以好壞選擇都清楚的很，而且我也用過成百上千的軟體程式，所以大部分的功能雖然沒時間去一一實踐，但是思考吸收之後想出方法對我來說，並不是挺難的，才造就今日的老孤，說起來都是滴滴的血淚史啊。

　　下面這張圖就是一整個電腦世界的基本藍圖，僅供給各位讀者參考，能不能理解這張圖的意思，就不是我能左右的了的，祝各位好運，好好看看這張「電腦世界藍圖」吧，不管你是想貫通全部的電腦軟硬體世界，還是想在某個專業領域裡稱王稱霸，都是您自己的選擇，相信自己加油吧！

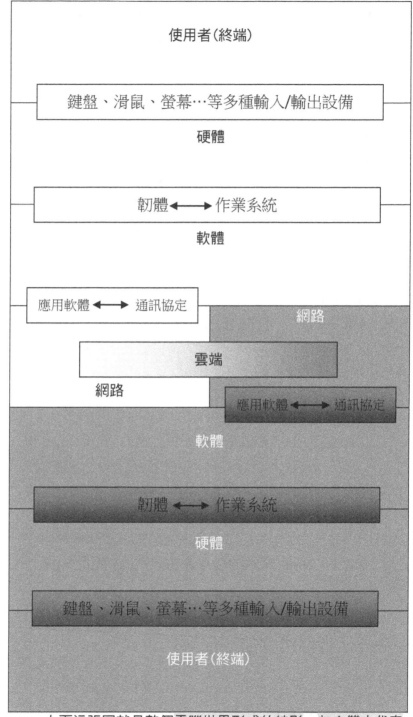

上頁這張圖就是整個電腦世界形成的縮影，灰白雙方代表

兩位使用者雙方，當然由於這是 2D 平面紙張圖示，所以有一些名詞沒辦法加在上面，例如：「程式設計」幾乎可以貫串所有的階層直到雙方使用者的面前。

還有所謂的「前端與後端」也沒有加在圖上，對「程式設計」來說「前端」就是在瀏覽器作為平台在上執行的東西，而後端就是瀏覽器後方電腦所有資源提供的幫助。而終端就是雙方（或多方）的末端使用者及裝置與元件配備用以連接主機的介面硬體與軟體，Server（伺服端）/Client（客戶端）的架構認知對網路程式設計來說，算是需要清楚的一個概念。

以上這張「電腦世界工作的基本藍圖」如果您能看得懂的話，大概就能貫通所有電腦世界的任督二脈了，至於你要下功夫去深入研究的方向，是您自己的個人選擇興趣及愛好的挑選，我個人是不予置評的，最好養成自己選擇自己未來前進的方向，別老是依賴別人替你選擇，而不肯獨立自主的承擔自己的選擇造成的後果而推卸給別人的蠱惑等等。

所以老孤選擇將我所知道的電腦各方面軟體知識，一次性的給各位讀者講清楚說明白，提供您自己去選擇自己的專攻方向，而不是告訴你什麼才是最好的答案，畢竟行行出狀元，我所不喜歡的方向別人可能會喜歡，總不能我的興趣與愛好去強迫讀者也要跟著我那一套走吧，畢竟大家的生活環境都不相同，很難想像會成為一模一樣的人，希望大家能了解老孤想表達的真正意涵。

5.「駭客之路」

　　讀完前面所有的文章之後，我想各位讀者應該能夠了解到想要成為一名電腦駭客（Hacker），是需要多少知識學問的支持，老孤至少可以給「駭客」一個比較靠譜的定義（至少我是這麼認為的）。

　　一名真正的駭客至少需要能夠融會貫通一台電腦從「電源開機」到「完成工作使用」最後「關機斷電」時，在這之間的所有電腦學問知識及執行步驟都能知道的清清楚楚、明明白白講完全過程，並且有自己喜歡專精技術領域方面的研究進步或創新，我想大概要這樣的程度才有資格稱為一名「駭客」，至少在我的世界觀裡面是如此的定義。

　　他們除了自己能夠開發軟體供給自己使用之外，同時還能引領風氣潮流而不是簡簡單單會使用一些應用軟體 App 來搞些破壞的小鬼頭而已，被有心人士利用當槍來使的阿呆，他們需要什麼工具程式完全可以自己打造環境及軟體來使用，想要成為一個破解者至少也要了解這些全方位的知識，你才能依靠你的專業知識，容易找得到破綻來攻擊別人可能沒注意到的漏洞。

　　對於一般電腦使用者來說，寫程式軟體的最高追求，應該是寫「作業系統(OS)」，但是如果是駭客級別的人，他的最高境界應該就是所謂的「創語言」了，這方面老孤正在努力。或許能完成或許搞不定，誰知道呢！不過大方向已經有了，請各位讀者大眾替我加持祈禱灌點信仰雞湯給我發功，增加我小宇宙的爆發力吧。

　　接下來的章節是屬於老孤幾年前所寫的一些關於如何成為一名打字高手的文章書頁，是關於中文輸入法「嘸蝦米」打字

教學的一本名為「極速輸入」的幾十頁內容，老孤想說想要學會使用電腦進而成為一名「駭客」，就目前而言首先如果你不會一套靠譜「中文輸入法」的話，您最好先學會打字，學會使用電腦先從勤勞的打字開始。

（PS：就算您對「中文打字」沒有興趣，也不可錯過最後的「彩蛋篇」哦），我個人認為想要成為一名成功人士，至少需要擁有「恆心」、「毅力」、「勤勞」、「好學」…等所有優良的品格性情的。

不知道是哪個偉人在「禮記」、「中庸」曾經把一個人求學的優秀方針給列舉出來，這五個步驟分別為「博學之」、「審問之」、「慎思之」、「明辨之」及「篤行之」，在在說明「勤奮」這個品質在求學過程之中扮演著多麼重要的角色，可以說所謂的成功人士本身都擁有「勤奮」這個優秀的品質。

請讀者勿要過度輕忽這一個「優秀」的品質，除此之外據說所有成功的高端人士，本身通常都是喜歡「閱讀」書籍吸收新知識學問的人士居多，可見連高高在上的人群都不敢放下學問的重要，我們有什麼資格說自己已經不需要「學習」了呢？！，所以如果你真的想變成成功人士，至少要隨時隨地充實自己的知識學問與力量吧，如果你不喜歡讀書而喜歡偷懶耍賴要求別人幫忙，那我就真的愛莫能助了。

畢竟老孤個人覺得「駭客」的最高境界應該是「人腦合一，駭入人心」，這方面我個人理想的想法請各位讀者自行參閱老孤所著作的「混蒼生（Chaos Life）」一書中的「駭客心眼」及「學電腦」兩篇文章，在此我就不再賣弄文墨加以贅述了，畢竟該說的我已說，該做的您自己決定做不做，說不說在我、做不做在您，千萬別有一天找上門來哭訴老孤沒有教。

　　由於老孤個人對駭客最高境界的定義與追求屬於「傳教洗腦」之類的「教化」方式，但是由極致的攻擊「出奇不意、攻無定所」，以及極致的防禦「無心為戰、處處破綻」一體合成的一種模糊邏輯的自然無極戰術心思所組成，雖然不一定能攻入所有人的人心之中。

　　但是至少保證自己不會侵犯文明世界俗世之中的法律，所以老孤可以大聲說「駭客(Hacker) ≠ 破解者(Cracker)」、「駭客 ≠ 電腦犯罪者」，請大家不要再「以訛傳訛」、「穿鑿附會」了，這對一些熱愛並且專精於電腦技術的研究者來說，很是解嗨！，至少我每每聽到什麼什麼人依靠破解什麼就被稱為「駭客」的時候，都覺得不過 SOSO 而已，至少我的價值觀是這麼認為的。

　　畢竟「物以稀為貴」如果「駭客」滿街跑，那還有什麼瀰足珍貴值得我們去追求這樣的境界呢，所以不要隨便就給人封成「駭客」之名，那只會讓這個名號更加不值錢，也表達了您的不負責任，搞得人心惶惶不安，攪亂社會秩序等。

　　犯罪者就叫犯罪者就好，搞什麼用電腦來犯罪就那麼容易變「駭客」了，媽的也太快了吧，那老孤將近四十年的學習過程到底算什麼一回事，要是駭客是那麼容易達成的目標，我想我也不會想成為一名「駭客」了，因為至少 20 年前現在這些駭客會的那些手段，一些骨灰級玩家及老孤早就玩爛了玩膩了，製造潮流也不要拿那種程度的知識學問水準來污辱駭客之名吧！

　　好了，電腦所有層面的知識學問技術老孤懂的多多少少都說出來了，只是一些技術小細節需要讀者你們自己去努力修練了，畢竟有心人就會自己去學習，無心人我寫得再詳細都入不了他們的心，我也不會做那種白工。

畢竟書是用來看的，我寫了大家不看，或者看了卻不加思考入心融會貫通，就失去我寫書的意義了，看來到時候再來嘩眾取寵寫大家都愛看的小說或劇本還比較划算，有經濟效益。

曾幾何時我們的電腦專門技能從「各種 OS 操作」、「程式設計」、「文書處理」、「美工繪畫」、「音樂製作」…等等大方向的技能，變成了今天的「Word 使用」、「Windows 操作」、「Photoshop 繪畫」、「Sonar 音樂軟體使用」…等。

我們的專長由大目標漸漸流向小技術，很久以前光是會一套「軟體」這種小技藝是不值得說嘴的存在，雖然現代的軟體操作複雜程度遠超早期的一些軟體，但是至少早期「軟體操作」完全都是看「英文說明書」或「自行摸索」居多，那裡會像現在市面上，到處充滿小摸小小操作提示這種不值得書寫的技術存在，偏偏大家都還很喜歡寫這種商業化的著作。

現在的書籍也是，從以前的傳道講解原理流落到只有教學操控工具的地步，然後操作原理說不出一個所以然來，老孤越看越傷心於技術原理的逐漸流失，留下的東西都是些不值得記載的別人設計而出的環境功能糟粕，根本沒有多少知識的內容，造成我現在都不想看書了。

看來看去都是一些沒什麼營養的技術操作工具書，涉及原理的部份就一問三不知，反正就是一代抄一代，原理就斷代傳承而逐漸失去了，看來大家都喜歡立刻能用簡單的東西，並不喜歡真正的知識學問與技術，也不知道這個社會到底怎麼了，腦袋的 CPU 好像都不願意使用了，只喜歡被待候的好好的，果然懶惰是我們的人類的原罪啊，搞得現代人都沒有多少創新的能力了。

6.「極速輸入之高手之路」

　　由於這是我受不了滿街都是使用注音輸入法的使用者，所以特意寫出這篇，如何進入「極速輸入之高手之路」的書籍，原本沒打算發行（因為頁數太少）沒有那麼多多餘的廢話噴口水，所以也就儲放在我的磁碟裡將近 4 年了，老孤一直認為想要學會成為專業的電腦使用者，至少要專精於一套自己語言的輸入法，也就是少說 1 分鐘至少要能打個 60 個字才能算合格。

　　所以就特別寫了這一篇幅專門教導讀者何謂打字高手，如何進入「極速輸入的高手之列」，本書教的中文輸入法是老孤見證將近 40 年電腦歷史，學會 4 種中文輸入法之後，最終以各種觀點立場的科學角度所選擇的一套輸入法教學軟體，它就是大名鼎鼎台灣人所創的「嘸蝦米輸入法」，可不是我們自己老黃賣瓜，自賣自誇，而是我個人不覺得有比它的設計思想更優的「中文輸入法」。

　　況且經過這些年的不斷改進之後，它一直在變得更加優良而無瑕，不過除了目前還沒有發展太多 AI 的高端功能來幫忙選字之外，這是一套最容易快速成為輸入高手的一項專業中文打字程式，也就是說學了這一套中文輸入之後，你的打字速度會進步的很快，很容易達到頂峰，我想頂多 2 個星期，一般再笨的人都可能學會，只要他還有在動腦學習並想辦法使自己變得更強。

6-1「緣起」

　　話說若是以前年少輕狂氣盛的我，會覺得「極速輸入」這種題材沒有什麼好寫的「唉啊！說穿了，不過只是打字嘛」，但是在看到滿街都是用注音或拼音輸入法的人「看來大家都習慣移船就勘」，潛在腦海裡的專業電腦意識就有一點受不了想來雞

婆嘮叨一下。

雖然輸入法的專精與選擇沒有對與錯的問題，但注音或拼音輸入法輸入不但慢又經常要選字「因為嘴巴的發音頂多數百個，但是中文字至少有好幾萬那麼多，所以中文的同音異字很多，注音或拼音選字率也高（因為必須把好幾萬的中文字分配到極少的發音內），打字的速度跟不上思維甚至跟不上講話的速度，這種輸入法實用的價值就很低，所以我才下定決心來寫這本「極速輸入」的書。

看到這裡，各位看官您可能會說我憑什麼可以這麼肯定照著這本書的指導就能達到極速輸入的效果？！我只能說這是專業知識與經驗累積出來所提出的建議，你可以不看、不聽、不相信，但是事實就是如此。

既然同樣是在熟習鍵盤及要學中文輸入法，何不就一次給它選個好的輸入法並且學個徹底，不要不上不下的高不成低不就，同樣是在花時間，何不一次做到最好，而且我所謂的「極速輸入」當然也包括了學習的時間，讓您短時間內學好。「這方面要感謝輸入法的公司出產的學習 CAI 軟體」

探索電腦世界到現在將近 40 年了，老孤我可以說是見證了電腦一半以上的發展歷史，積 3x 年的專業知識及經驗所提出的選擇及建議，我想忽略無視應該是一種損失。因為時間的寶貴，積 3x 年的經驗告訴你的答案，應該可以幫你省下很多不必要的麻煩與時間，找到您所需要的道路。

而且在我個人來說可能只是常識或不屑於書寫的東西，對沒有經驗及剛入門者可能就是難得的知識，所以我才下定決心來寫這本看起來微不足道的篇章。希寄這本書會對您有所幫助，這也是我不惜麻煩寫它的原因，希望以下的內容您看得入眼，

我說的話您聽得入耳。

在老孤我剛開始學習電腦的那個年代，市面上的中文輸入法並不多。注音、倉頡、簡易、行列……等。就只有這幾種可供選擇學習，一開始接觸電腦的人，通常毫無懸念的都是用注音或拼音居多「因為根本不用學，我們的教育從小教到大，學注音或拼音輸入法的人只需要熟悉電腦按鍵的位置就好」，而且在那個年代，專門學中文打字的人很少，甚至中文環境也還不普遍及成熟，大家都習慣用英文介面，所以中文輸入法的需求機會很少。

在老孤 3x 多年的經歷下來看過那麼多實例之後，可以說大部份人學電腦的初衷，都是為了玩樂休閒的目地，所以那時候還不常打字的我，當然毫無疑問的就是用注音輸入法，直到高職一年級我 15 歲的時候，為了好好學習電腦功能，所以才下定決心練倉頡輸入法，從那時才開始鑽研入專業中文輸入的門道。

由於倉頡的免費、普及率及成名度使我選擇了它，經過一年多的努力，後來輸入速度快破百的我，終於遇上了一個打字速度練功的瓶頸，每分鐘將近一百字大概達到了傳統倉頡輸入法的巔峰，再也進步不了多少了，原因就是在倉頡輸入法的設計極限。

「1 分鐘上百個字注音加 AI 也可以接近，所以傳統的倉頡輸入法並沒有比注音強多少，唯一的好處是倉頡只要會寫通常都會打，而注音或拼音要會唸才行，通常會寫比會唸容易的多了」。

就在此時我聽說了嘸蝦米輸入法「嘸蝦米的話意是台灣用語的沒甚麼」，看著覺得新奇，而且它的設計理念是當時見識淺

薄的我不曾想過的編碼設計法，竟然是用英文字母去拆中文字型，也太帥了吧。「中文輸入法，其實是一種將輸入法編碼去取中文字型檔而顯示出來的一種編碼設計法而已，將中文字按照您設計的輸入法邏輯原則編成編碼表，然後從字型檔裡面將字取提出來顯示在螢幕上」

「PS:對作業系統來說，我們鍵盤輸入的任何一個鍵，其實都規範在一種類似叫鍵盤布局(KeyBoard Map)的驅動程式之內，而我們輸入的任何一個鍵，在作業系統中都會對應 1 個位元組 16 進位的值(不確定的想法，也有可能是 2 個位元組以上)，1 個位元組可能有 256 種變化，問題是目前的鍵盤也沒有 256 個鍵數這麼多運用。(或許加上 CTRL、ALT、視窗鍵…等就超出 256 這個組合數了) 所以作業系統可能會將輸入系統內的鍵盤中斷傳入值，對映目前系統驅動的編碼法(ASCII、ANSI、UNICODE、UTF-8…等)，來顯示(字型檔內容)，而字型檔的格式也是有不同種設計所規範，主要就是利用「程式語言」的 2 維陣列「對岸叫(數組)」。(將螢幕畫面解析度橫行的 X 值與直列的 Y 值，切割成若干的細小格狀空間，然後用白點=0、黑點=1「可能會相反」，填滿造字區形成的全字型融合而出 16 進制碼，具體呈像成「字型檔(Font)」)」，交給作業系統去顯示在螢幕上，如果不懂，老孤就在下方實作一個字給大家示範一下。

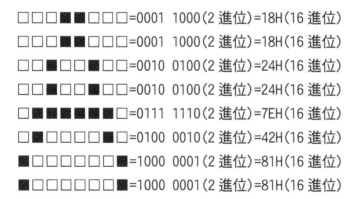

□□□■■■□□□=0001 1000(2 進位)=18H(16 進位)
□□□■■■□□□=0001 1000(2 進位)=18H(16 進位)
□□■□□□■□□=0010 0100(2 進位)=24H(16 進位)
□□■□□□■□□=0010 0100(2 進位)=24H(16 進位)
□■■■■■■□=0111 1110(2 進位)=7EH(16 進位)
□■□□□□■□=0100 0010(2 進位)=42H(16 進位)
■□□□□□□■=1000 0001(2 進位)=81H(16 進位)
■□□□□□□■=1000 0001(2 進位)=81H(16 進位)

　　所以稍微簡略的估計了一下，一個「A」字，至少需要 8 Bytes 的字型檔空間，可以想像一套 UNICODE 萬國碼需要多少空間來放字型檔。

　　如上圖所示，基本的字型檔原理就是如此，當然目前發展到何種地步了，老孤實在是沒有去研究，所以只能淺顯的說一下字型檔的設計原理，將種種用 2 進位畫好的字型用 16 進位碼存成各式各樣的字型檔之後，等待作業系統的呼叫處理後顯示在螢幕之上讓使用者能看到「多國語言文字的效果」。

　　當然輸入法的設計也是如此，嚴格來說它就是一套編碼法，把使用者輸入的種種按鍵對映轉換成作業系統編碼，作業系統編碼再去相對應的「字型檔」取出那個位置存放的字型資料，顯示在使用者的螢幕上，大致流程就是這個樣子，當然細節沒這麼簡單，不過大致如此。」，當然還有一種叫「向量式繪圖或字型」的東西，其實應該是利用數學計算方式來畫字的，跟傳統這傳「點距陣字」不同，扯遠了，再把話題拉回來。

　　雖然嘸蝦米編碼設計方式很有前途很誘人，可是對當時倉頡快破百的我來說，由於速度上還不需要那麼快。而且我也還沒練到完全的盲打根本不用看鍵盤，再說人性惰性的關係，雖然本人很欣賞嘸蝦米輸入法的設計理念，可是一分鐘接近上百的字對當時的我來說已經很夠用了。

　　而且倉頡輸入法的普及率也比嘸蝦米高，幾乎所有中文環境都有內附「倉頡輸入法是免費使用，嘸蝦米是要花錢買來用的，對於一個窮學生來說這條錢我實在花不太下去，當然這是指早期童矇無知的時期」。

　　並且為了達到這個倉頡輸入法的速度，我至少花了一整年的時間在練習中打，再加上後來又有「快速倉頡」的程式 AI「人

工智慧」的加持，所以換學另一種輸入法的需求越來越低。「那時大家的作業系統都還是 DOS 的年代」

　　直到十幾年後的現在，倉頡打得爐火純青的我，再加上電腦知識的充實，對於最理想的中文輸入設計有了新的看法，終於自廢武功學起嘸蝦米輸入法，您或許會疑問為什麼我要放棄將近破百的功力，打字都跟著思維走，根本不用看鍵盤想字根怎麼拆，一看到字，手指就會自動動起來打字。「中文輸入法打到最後，我個人保證你會忘掉所謂的拆碼原則，甚至所有的規則，眼睛看到字，手指就會自動動起來打字，連想的時間都沒有，形成一種獨特的身體記憶律動」

　　其實我自廢武功的原因很簡單，因為思想越來越快，而倉頡或新倉頡的速度已經跟不上我的思維了，所以讓我重新考慮去學設計思想更優的嘸蝦米，提升先天上的優勢，來加快我的中文輸入速度，在練習嘸蝦米輸入法後，努力的輸入了十幾本小說，上百萬的字後，我終於超越十幾年來倉頡速度的瓶頸，嘸蝦米的打字速度終於跟得上我的思維，而且已經深深烙印在我的腦海之內。

　　老孤我這才起心動念想寫一本「極速輸入」的書，用來騙騙那些個菜鳥「開個小玩笑」，或根本搞不懂甚麼輸入法才是最佳選擇的人，往後的內容我會告訴各位讀者，最理想的中文輸入法應該是長甚麼樣子，而且會提出程式設計的觀念理據來，讓您找不到駁斥的理由，如果您不信的話，慢慢看下去您就會明白。

　　為什麼我要棄倉頡學嘸蝦米，而不是最新最快紀錄保持的「大新倉頡」，因為我個人是用全方位的眼光去選擇，而不只是單單「快」的一個原因而已，如果要選最快的中文輸入法，我可以明白的告訴您，任何一種中文輸入法都可能刷新世界紀錄，

這是我三十年來見證中文輸入法的比賽冠軍看到的結果。

「早期的倉頡，行列，嘸蝦米……等。除了注音或拼音外幾乎都曾在某一時期內佔滿市場空間，得到過輸入法比賽的冠軍，這也沒甚麼，都是台灣人一窩蜂學習的成果」

天下無難事，只怕有心人，只要中文輸入法的設計一改再改的提昇進步，AI（人工智慧）的加持下，甚麼詞庫輸入的增多之下，今天保持記錄的輸入法，很可能明天就被取代了，只要你選擇的中文輸入法設計思想原則不太爛，加上您日以繼夜的勤加練習，很快新的最快輸入記錄就可能由您來創造及保持。

在這裡我要告訴您的是，最快的中文輸入法並不一定是設計思想理念最好的中文輸入法，我們應該全方面的去評估，而不止是看速度而已。

當然世界還是殘酷的，輸入法競賽看的還是輸入速度，所以見人見智吧，只要你的中文輸入每分鐘超出 180 字／分，直正實用上的差別就不太大了。「如果您的輸入速度大概跟得上講話的速度，應該就沒有什麼好進步的了。」

因為 1 秒鐘 3 個字大概已經追得上說話的速度了，再快上去純粹只是個人的虛榮心作崇而已，而且長期保持在快打的狀態下，對身體也不是太好，沒有人可以工作時間的 8 小時內，都一直保持在最巔峰的狀態下，最重要的是練習出一個獨特的輸入法身體韻律動態的記憶，讓輸入法對您來說不過是個下意識的行為，根本用不上思索的時間。

那些個一分鐘輸入 200 個字以上的人，可以說是在拚命及爆肝，那麼亢奮興起的狀態保持太久，身體會出毛病的，為了

您的健康著想，還是不要那麼拚命吧！畢竟這只是一場輸入法的競賽而已，並不是人生的全部。

當然選擇嘸蝦米輸入法的原因還不止於此，嘸蝦米輸入法雖然是在繁體中文的環境下創造出來的，但是它不但可以用來輸入繁體中文，甚至還包括簡體中文，還有打繁出簡、打簡出繁的功能「沒辦法，誰叫有十幾億人在用簡體中文」，甚至一些特殊符號及日文都有支援，所以說嘸蝦米輸入法可以說是目前設計功能最多最專業而專門的中文輸入法。

例如：挑「釁」這個字，如果你用繁體中文的嘸蝦米下去輸入，你必須輸入 SNED 四個字根，但是如果你用簡體中文下去輸入就可以「打簡出繁」打，挑「衅」PFB，選擇第一個字就是繁體的釁了。當然嘸蝦米的功能還很多，這不過只是一個簡單的實例而已。

2017/12/22　Yuan「孤鷹」

6-2「要達到極速輸入首先請慎選輸入法」

由於電腦與鍵盤都是英語系國家的發明，所以在其它非英語系國家來說，都會有設計電腦本國語言輸入法的問題，對使用電腦來說最理想的當然是英文輸入法了，因為根本就不用學，A～Z 26 個字母都有相對應的按鍵，唯一的難度在拼字正確上而已，所以這對英文系國度來說，無疑是個沒有人及得上的福利。「唉…誰叫電腦是人家發明創造出來的。」

如果要達到極速輸入的效果，首先您必需慎選學習使用的輸入法，正所謂「想要富、先修路」、「工欲善其事，必先利其

器」，老孤我再加上一句「想學會用電腦，請先學會打字」。

現在雖然很習慣以圖代字的 Line 及對話方式，但那不但死板，而且找圖也不方便，況且選圖代字給人的感覺很沒有禮貌，好像你很不屑跟人對話似的，至少我是有這種感覺的人。

目前市面上流通的中文輸入法究竟有多少，我想沒有人真正了解，比較常用的就是那幾種有得過獎的輸入法，還有所謂進入世界記錄的那幾種，當然最大宗的使用者群，依然還是注音跟拼音類的輸入法。

「因為幾乎不用學，只要受過教育的人，幾乎都會注音或拼音輸入法，而且通常作業系統裡面都有內附輸入法程式，這也是嘸蝦米不夠普及的原因，聽說早期 Windows 想要收購嘸蝦米輸入法的版權，但是人家不願意賣斷自己創造出來的輸入法，所以現在 Windows 沒有內附。」

老孤我說了這麼多，您或許有個疑問，真的有所謂的最佳選擇的輸入法嗎？事實上是沒有的，原因是因為人的惰性，無論輸入法設計的有多好多快，人總是傾向「習慣成自然」不願意輕易改變自己的使用習慣及信念，還有系統的支援度，最後還要看自己本身的需要，所以這才造成滿街都是注音或拼音輸入法的事實。「這牽涉到個人的信念問題，所以我在這也不去批評，因為這是您的人生您的路，沒有人有資格去置喙」

因為注音或拼音都是大家上小學就開始學的，可以說是毫無學習的難度，再加上 AI「人工智慧」選字拼詞的加持作用下，也給原本慢吞吞的注音輸入法加快了不少速度「基本上注音或拼音類的輸入法瓶頸大概也是一分鐘一百字左右」。

但是畢竟注音或拼音就有原本先天上的瑕疵，它的問題就

在於如果你不會唸，就休想打出那個字來，而且就算你拼出那個音的字，通常都有一大堆「同音異字」等著你去選字，拖慢輸入的速度，這就是注音與拼音輸入法的硬傷，首先你要會唸或唸對才能打出那個字來。

　　其它的輸入法就是要會寫或記住它的字型，才能打得出來，所以各有其優缺點，但整體來說會寫比會唸簡單多了，注音或拼音的世界裡，有句俗話說「有邊讀邊，沒邊讀中間」，這種注音或拼音法在中文來說並不實用，而且通常會拼錯居多。

　　一個人一生當中會唸的中文字大概就那常用的三、五千字，不常用字通常都需要額外的去記憶它的拼音注音，而通常你額外去記憶這個字的讀音時，還要牽就輸入慢的瑕疵，倒不如狠下決心去學一套專業的中文輸入法。

　　所以如果您打算專門練習個輸入法來用，學習「注音」或「拼音」並不實用以及專業而且又慢，這是一個不爭的事實。「它唯一的好處是根本不用學，因為我們從小看到大，所以注音、拼音輸入法，通常都是懶人學習中文輸入法的第一選擇」。

　　扣除以上的原因之後，我們能選來專精的輸入法選擇，就有所限制了。一是不能學不容易拿到或不通用於作業系統的輸入法「您連程式都沒有怎麼用？」。二是盡量不要去學用注音或拼音的輸入法「您不會唸還怎麼打？」，還有最重要的第三點，就是不能選學超出 A～Z 26 鍵來設計輸入語文的輸入法，為甚麼呢？

　　這個要說起來，就要牽扯上鍵盤的設計。鍵盤的設計上，輸入文字就是 A～Z 這 26 個鍵「所以注音輸入法也在淘汰的行列內（因為它也超出 A～Z 26 個鍵）」，如果某一套輸入法需要用上 A～Z 這 26 鍵外的按鍵才能輸入中文字，那麼這一套輸入

法的設計就有待加強,「因為如果用到 A〜Z 以外的鍵,那麼超出那個鍵的原功能就會報銷,或者需另外來設計輸入那個符號按鍵的方法」基於以上種種原因的限制下,這時候可供我們選擇學習的輸入法就不多了。

而我最後選擇嘸蝦米的原因就是它最酷的地方,「用英文字母去拆中文字碼」,這不僅僅是項不錯的創舉,也是一個很重要的設計里程碑,因為你不用再去背另一套的字根配對鍵盤的位置,只要是英文鍵盤,上面有英文字母就行,而且你在練習中打的同時,也同時是在練習英打,你在練習英打的同時,中文打字的速度也會跟著提升,根本就不用去硬背另一套鍵盤字根的配置,這也算是一項懶人的福利。

尤其對出國之後或者本身就是在國外的華人更方便,你以為國外的鍵盤會設計的那麼好心,還幫你印上甚麼倉頡、大易、注音字根碼嗎?人家才不會印那麼多的文字符號,完完全全都是當地本國的語系按鍵,所以通常都是最通用的英文按鍵,這也是嘸蝦米輸入法的優勢之一,因為它本來就是用英文去拆中文字。所以根本不用擔心不熟鍵盤或需要去背另一套輸入法的字根鍵盤位置。

6-3「非廣告推銷,只是苦口婆心的勸導」

前面兩章講了這麼多話,無疑是告訴各位看官,學習注音或拚音輸入法幾乎等於沒學一樣,如果您有決心要學會使用電腦,一套專門的中文輸入法可說是一件必需學習的里程碑,因為打字在對話、搜尋…等方面都會需要用到。

您總不能上 Google,百度,去搜尋一張不知名的圖吧,最終還是會用到打字,而且打字這項工作可以說可能不會報廢,或許現在手寫輸入一樣很方便,但實際上就是慢,您或許會說

我要打那麼快幹甚麼？

　　這時候老孤很想反駁一句，你要打那麼慢何必要學，乾脆用手寫就好了，根本就用不上電腦，或注音拼音慢慢的 K，反正您有的是時間去訂正錯字，或者補上不會打的字。

　　如果您有心要學習使用電腦，並且朝向高手之路邁進，那麼一套專業中文輸入法的學習，可以說是一點準備的工作，至少參加網路上的論壇或聊天口水戰，不會被人罵個狗血淋頭，而自己卻吱吱唔唔打不出幾個字來，憋得滿肚子難受的氣。

　　這是老孤 30 多年來的經歷，通常連中文輸入法都不肯花心思去學的人，您要叫它去專精電腦使用法，無異是緣木求魚，因為中文輸入法已經是使用電腦的最基本功課了，至少您還可以用來打報告，上課記錄下老師說話的內容「當然時代在進步，您可以直接使用錄影器材設備來記錄上課的內容則更快。」

　　基於打字工作不太可能報廢的前題之下，所以一套跟得上講話速度的中文輸入法的確有其必要性，花個一、兩個月去學習一套專業的中文輸入法，是各位即將進入電腦世界或專精電腦操作的人，一項必備的工作。

　　因為學習好一套專門的中文輸入法之後，您這一輩子可以都受益，而且最少您可以靠專業的輸入速度來混飯吃，不然您就需要別人來代客打字，而且打字速度這種小小的成就感，可以大大滿足您的虛榮心，增加您使用電腦的自信。

　　所以這一項學習的投資有其必要性，畢竟輸入法要改善是很難的一件事，而且要設計的比嘸蝦米還要優良的輸入法我想是很難的一件事，至少摸索 30 年電腦的我，想不出多少方法可以設計的比嘸蝦米的設計理念還優，畢竟人家也是花了 2x 幾年

的時間來完善嘸蝦米輸入法這一套專業的中文輸入法。

而要完全靠簡單的操作，不涉及到中文輸入法的範圍內，似乎電腦要改善到那個地步，還有一段很長的路要走。

當然以上只是我個人的淺見，你可以不聽，選擇權在您，所以我就不多說了，如果您下定決心要學會一套專門的中文輸入法，可以考慮跟著本書的學習路線來走，老孤我儘量把學習的時間縮短，讓您在短時間內學會嘸蝦米輸入法。

6-4「最理想的中文輸入法設計規範」

一、使用鍵盤 A~Z 這 26 個按鍵去設計中文輸入法，最理想當然是直接用英文字母去拼出中文字，這項設計在前面的內容已經解釋過了。

二、統計所有中文字的使用頻率，排列出來，並拆解所有中文字的部首，字身，單獨的一個字型，平均放入 A~Z 的代表字根內，並創造一個好記憶的字根邏輯及拆碼原則，好讓使用者背誦使用。

三、盡量在 3 個按鍵字根內拆完一個中文常用字，因為 A~Z 有 26 個鍵，至少可用來代表 26 個中文字，而 2 個按鍵字根的排列組合就是 26×26，「AA~ZZ」＝676 個中文字，當然這樣還不夠滿足全中文字的需求，因為 676＋26＝702 個中文字，大概是常用字的七、八分之一「聽說中文常用字大概三、五千字」。而 3 個按鍵字根的排列組合就是 26×26×26「AAA~ZZZ」＝17576 個中文字。

這個數目的中文字已經超出常用字的數目了，可以說 3 個字根按鍵幾乎可以搞定全中文的常用字，而 4 個字根的排列組

合 26×26×26×26「AAAA～ZZZZ」＝456976 字。我的天啊！是 45 萬多字耶，中文不可能有這麼多字，所以理論上最理想的中文輸入法設計必須在三個字根內輸出一個中文字。

　　為了相容於您所創造的輸入法邏輯，再包含些許 4 個字根的中文字。其餘多出來的 4 個字根按鍵可以用來發展「詞庫輸入法（4 個字根以上一次輸入就彈出 2 個以上的中文字）」，你想想只要 4 個字根可以輸入 2 個以上的中文字，就可以加快多少速度，平均 1 個中文字只有 2 個字根按鍵或更少。

　　四、把統計出來的中文字頻率，依照輸入法的拆碼邏輯，填滿 1～2 字根內，最好是多塞一些常用的四字根碼，反正輸入法打到最後幾乎都變成忘我死背居多，所以輸入法的邏輯到最後幾乎都會被速度給模糊掉原本的輸入法邏輯原則。看到字自己的雙手就會自動快速的打出來，根本連想都來不及想，純粹就是身體的律動記憶在發功。

　　五、AI「人工智慧」選字的開發，由於中文文法用字都有它的排列組合的邏輯，所以 AI 工作在於容錯幫您拼字詞的作用上用功加強，應該就更加無瑕疵的接近完美了。

　　以上這 5 點就是我所謂的「無瑕輸入法」的設計理念，希望有一天嘸蝦米能改良到這個地步。不過正如嘸蝦米輸入法的創始者劉先生說，沒有最完美的中文輸入法「因為畢竟是在英語系的鍵盤上發展中文輸入法」，因為已經被神帶走了，所以以上的設計輸入法的原則創出來的輸入法，我給它取名叫無瑕而已，並達不到完美，因為要設計一套容易記憶的輸入法邏輯並不簡單，不是說說就能辦到的。

　　目前最快的中文輸入法的輸入瓶頸，大概是 1 秒鐘 4 個中文字，也就是一分鐘 240 個中文字，以平均一個字 1 個按鍵來

說，大概每分鐘按下 720 個鍵，如果發展詞庫輸入「每次輸入都彈出是 2 個以上的中文字，平均 1.x 碼的話」，中文輸入法的極限大概也就 600～700 字之間，這大概就是中文輸入法的設計瓶頸了。

但是由於我個人並不習慣使用詞庫輸入法也沒那個必要，所以我個人的意見在這方面上並不專業，您就姑且一聽，別太認真了。

我之所以選擇嘸蝦米輸入法作為「極速輸入」的選擇，原因是因為它不但快，而且有專業 CAI 教學軟體，不但好學習，最重要的是它可以用英文字母去拆出中文字碼來，當然這不是嘸蝦米獨有的設計「中國大陸上某些漢語拼音的輸入法，也是用英文去拆拼中文，只是它整體的設計理念，及不上嘸蝦米的速度」。

看過以上的幾頁內容之後，我想各位可以比照市面上的各種輸入法，用刪除法去選擇該學那套輸入法了吧，左思右想大概只有嘸蝦米比較接近我最後的篩選。

嘸蝦米它最少 1 字根，最多 4 字根，平均算起來每個字大概 2.5 個字根，當然這只是個理想值，比較常打的通常都是 1～3 字根內，4 碼字根的字你學到後來越來越趨專業，您就會發現很少打到，如果你是專業練嘸蝦米並且已達到極速無冗碼的人。

至於我以前習慣用的倉頡輸入法，不但要背另一套鍵盤字根碼，而且它最少 1 碼，最多 5 碼「字首 2 碼加上字身 3 碼」，平均起來一個字也要 3 碼，雖然後來又有所改善，譬如現在號稱最快的「大新倉頡」，但是它就是有一個不能直接用英文來拆中文的硬傷，這意味著您必需熟悉另一套按鍵字根的位置。

　　所以雖然它很快，但是我想我是不會再跳槽回去學它，因為羅馬不是一天造成的，您輸入的速度要跟上世界紀錄是要付出很多練習的時間「而且大拇指並不是只按空白鍵那麼輕鬆」，甚至最後要練到「爆肝」才有可能達到那個速度，小孩子身體好剛開始學可能不太打緊，像老孤我這種 4x 歲的中年人來跟少年人拚那個速度，實在沒有那個身體質量的本錢。

　　以前我看過一些文章，上面有統計最原始輸入法的速度，嘸蝦米平均一篇文章 3.x 碼，而倉頡要 4.x 碼，當然這是指早期最原始版本的輸入法，可以看出倉頡平均要比嘸蝦米多按一個字根按鍵，這就是原始設計的瓶頸。

　　「所以說目前的記錄的保持者或許是大新倉頡，但是我相信嘸蝦米如果經過不斷的改良後，依然可以奪回原本的冠軍寶座，因為先天上的設計問題就是注定了它們的宿命。」

　　嘸蝦米輸入法目前我看到的缺點就是它的輸入取碼原則中的「截長補短」中的補短，輔助根的採用，嘸蝦米拆碼原則就是超過 4 碼就取「1、2、3 及最後一碼」這叫截長，補短就是拆完字未滿三碼就要加最後一劃的補助字根。

　　問題就是出在「補助字根」上，因為它只用到幾個字母「A、E、I、J、K、L、N、O、P、X、Y 以及後來不知道幾版以後出現的 V 鍵（有些中文字可以用『頭碼＋尾碼＋V 鍵』來拆字），總共才用了 12 字母」，並沒有 A～Z 通通有輔助根，當然這是中文字依照嘸蝦米拆碼設計原則下只能容下這幾個字根「但不代表不能擴充（當然也沒那麼容易）」。

　　基於以上的拆碼原則，大家都應該瞭解到嘸蝦米理論上依照拆碼原則來看，2 字根碼是最基本的，1 字碼根本就是毫無理

由的碼,純屬死背的,而有些 2 字碼也是不符合拆碼原則的「所以你也只能習慣成自然的常用它就會死背住了。

這方面請您不用擔心,老孤在這裡還是說那句老話,習慣成自然,當您輸入法打久了習慣之後,我保證你連甚麼拆碼原則都丟到九霄雲外去了」。說了這麼多嘸蝦米的好處壞處,還沒有進入「極速輸入」的主題,關於嘸蝦米輸入法的教學,稍後再講。

6-5「準備上路」

首先請您用網頁瀏覽器連上網址 https://boshiamy.com/,設計嘸蝦米輸入法的行易公司。

來這裡的目的是為我們學習嘸蝦米輸入法的工作先做些準備工夫,這個網頁擁有很詳細的說明、學習、試用以及購買嘸蝦米輸入法的資料。如果本書你讀完還意猶未盡,可以考慮把這個網站逛個徹底清楚明白,加強您的學習工作。「例如一些特殊少用的符號輸入……等」

1. 請你選擇網頁上的「蝦米教學」中的「輕鬆學會嘸蝦米」的選項。

2. 您可以選擇線上學習嘸蝦米輸入法的方式，也可以把練習程式下載回您的電腦學習使用。這方面要視您的電腦使用狀況而定，如果您上網方便，可以根本不用把程式下載回來使用，直接就點「開始練習」的網頁按鈕，直接在線上學習就好。

https://boshiamy.com/cai.php

當你點下「開始練習」的網頁按鈕，就會彈出下圖所示的輸入法練習程式。

但是為防意外的發生「例如：網路斷線或者是其它原因」，使您無法在線上學習使用嘸蝦米，那就把嘸蝦米輸入法的練習程式打包回自己的電腦裡使用，在這個網頁我們選擇「立即前往下載！」的藍色字體，就會進入右上圖所示的網頁。

請看上圖的畫面右方，共有兩種不同電腦的版本可供下載「向下箭頭的圖示超連結」，看您的電腦作業系統是 Windows 還是 Mac「俗稱蘋果電腦或麥金塔電腦」 選擇您需要的程式，點下載圖示。就可以直接把練習程式打包回來你的電腦使用。

「上圖中的 MD5 是程式的驗證碼，如果你手邊或者你習慣驗證程式的正確性(通常網路上下載回來的程式，為了安全起見通常最好都驗證一下，以免下載到有害的或有木馬的軟體，當然你的電腦首先要有 MD5 的驗證程式，這方面我們在這裡就不再贅述)，這方面請您上維基百科 Wikipedia 去學習一下驗證碼的功能」，不過如果您還是怕下載到有害的軟體，那乾脆就直接

在網路上練習就好。選擇執行後就會出現下圖的解壓縮程序，
作業系統會問你要把程式解壓縮到哪裡儲放「當然您的電腦裡
需要有解壓縮的程式可用，例如：7zip」。

　　如下圖所示，我習慣把網頁下載的程式放在桌面上處理，
所以預設路徑就是桌面，如果沒甚麼必要，你也不用改解壓縮
的位置，直接點下 Extract 解壓縮。

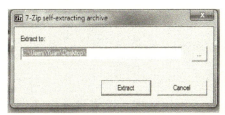

　　上圖就是解壓縮程式正在執行的程序畫面。「等這個畫面跑
完，嘸蝦米輸入法的練習程式就已經完成解壓縮的程序，會產
生一個叫 LiuCAI 的資料夾，放在您瀏覽器設定的下載程式位置
了。」

　　接下來就是進行另一番的準備工夫，再次回到
http://boshiamy.com/　行易公司的首頁，選擇首頁上的「蝦
米教學＞入門篇＞字根總表」，如下圖所示的在圖形上按下滑鼠
的右鍵，選擇「圖片另存新檔」，把嘸蝦米的基本字根表打包成
檔案，取個容易記的名字以備用「例如：基本字根總表」。

　　接下來如上圖所示，選擇「蝦米教學＞入門篇＞規則說明

＞截長補短」。

滾輪將網頁往下探看，到達下圖所示的補助字根表，在圖片上同樣按下滑鼠的右鍵，選擇圖片另存新檔，取個名字存成檔案以備用。「例如：輔助字根總表」

再來就是如右上圖所示選擇「蝦米教學＞進階篇＞簡速字根總表」，重覆上一圖案的步驟，同樣的把它打包成圖片檔，取個容易記憶聯想的名字，存成你電腦內的檔案以備用。「例如：簡速字根總表」

到這裡，學習嘸蝦米的準備工夫可以說到一個段落，以上三個圖形檔是輔助我們學習嘸蝦米輸入法的夥伴，如果您家裡有印表機護貝貼膜機，把這三個圖形檔給整理好列印出來，最好是順便給它貼膜護貝，以免練習嘸蝦米輸入法的時候，經常要切換畫面去查看字根。

6-6「嘸蝦米輸入法極速學習法」

請在瀏覽器(Browser)網址列輸入下列網址查詢此圖：

```
https://boshiamy.com/images/table1.gif
```

如上圖所示，首先先來一張嘸蝦米輸入法的基本字根總表。

　　上圖那張表就是早期一開始學習嘸蝦米輸入法的人必備的隨身表格，所以我才吩咐您最好列印加貼膜護貝。基本上您照著上表去查表就慢慢學會嘸蝦米輸入法了，但是如果不解釋一下，我想一般人看到這個密密麻麻的字根碼表就會望而生畏「至少剛開始學習嘸蝦米的我是這樣子的」。

　　所謂的基礎字根總表是最早期的嘸蝦米輸入法設計的字根表，但是如果是這樣死背，一來不方便記憶，二來學習效果不彰，所以我個人勸您，看看就好，畢竟還是邊玩邊學習的效果最好「寓教育於玩樂」，這也是我請您下載嘸蝦米輸入法練習程式回您的電腦的原因。

　　所謂的「形音義」以及「強記（表格外的字根屬於強記的部份，也就是沒甚麼原因，死背就對了）」，主要是根據英文邏輯的基礎下所說的意義，首先解釋「形」的部分，就是根據中文字形很像英文的字去拆當然這部分有時候很「牽強」，但是為了輸入法套英文的大業，看官您就姑且看看吧。「實在沒辦法之下您只能硬記了」

　　而「音」的部分，主要跟發音類似的取字根，這需要有一點英文漢語發音的基礎，老孤在這裡告訴你，發音的聯想英文字根其實一點都不難，你只要唸唸看，發音時注意著自己的嘴形，你就會發現英文唸那個字及中文相對應的字根，起始唸的嘴形發音方式很相似，當然還是有些強拗的發音法。

　　再來就是「義」的部份，這個就比較容易了，例如：王，英文叫 King，就取 K，完全是「意義上的相同」，這個英文程度也不算太高。

　　最後就是最該死的「強記」部份，完全找不到理由的，純屬死背，不過劉先生大概設計的累了，他沒想到用英文的「義」

去符合字根嗎，例如「至」Till，設計成取 T 應該也是可以的，而黃取英文的 Huang「H」應該也是可以的嘛，當然我並不是他，不知道他為什麼要列入強記的範圍，不過我猜很可能跟輸入法的字根分配量有關係，可能這些英文字母分配到的字根量很少，所以用強記來歸類。

最後我要說的是，不管形音義死背強記，其實都是取「形」，什麼形狀輸入甚麼字根，都定的死死的，字根總表上的形音義只是幫助您記憶的歸類方法，您可以不用去管它的形音義或強記，您只要記著什麼形打什麼英文字母就好。

相信眼尖的朋友們都注意到，我一直強調嘸蝦米的最大優點就是英文字母去拚中文字型，套些劉先生的引誘人加入無蝦米輸入法行列的常用字。

例如：

命＝AOP

哥＝TOTO「其實現在我都直接打 TT」

州＝YYY「其實 YY 就夠了」

哈＝OAO

阿＝BTO

尋＝EIOA（寸這個字根取 A 的原因是因為歪著頭來看，寸很像 A「不過「尋」這個字打 EAA 足矣，來自簡體字的（寻）！」

以上幾個字就是引誘人加入嘸蝦米行列的毒藥，這叫「取形」，因為以上幾個字都跟英文字形很像，所以您的頭頸最好先熱身一下，因為取形的字根就是英文 360 度旋轉的看去，雖然有些字根看起來很牽強「例如寸取 A」，但是這只是幫助你記憶的法門，至於為甚麼要這樣設計，實在是沒辦法，畢竟中文是中文，英文還是英文，不可能符號完全一樣。

而音的部分劉桑所投下的毒藥字是，

粉=米(M)、八(B)、刀(D)=MBD。
移=禾(H)、夕(C)、夕(C)=HCC
票=西(C)、二(R)、小(S)=CRS
賈=西(C)、目(M)、八(B)=CMB

　　以上就是音所取的說明字，再來就是說說義的部分，這方面要靠領會，沒有辦法特別說明，所以我就不在此贅述了。

　　再來說說嘸蝦米輸入法的拆碼原則，嘸蝦米輸入法的取碼原則，在前幾頁我已經大概提過就是所謂的「截長補短」，何謂截長補短呢。就是一個中文字如果拆起來超過四碼字根以上，那就要「截長」，太長的字取「1+2+3+最後一碼」，總共只有四碼。

　　正如我前面所說的最理想的中文輸入法頂多四碼的排列組合 45 萬字，就超出太多中文字了，所以嘸蝦米輸入法才要「截長」。(例如：「靈」這個字要是全拆完需要打 UOOOW，這樣就 5 碼了，所以截長後變成 UOOW，但是我們學的是極速輸入，所以靈在 2 碼字裡面有「EF」，所以我現在都打 EF，EF 是來自簡體字的「灵」)

　　何謂「補短」，就是除了 1 碼及某些 2 碼字外，由於早期的嘸蝦米輸入法並沒有現在這麼的塞滿 1、2 碼字「看字根總表就知道」，所以這些規則在改良下已經有些不同了，不過還是要說一下，所謂的「補短」就是拆完一個中文字，未滿 3 碼就要加上一個補助根，所謂的補助根，就是這個字的「最後一劃」所形成的最大補助根，例如：我＝I（含義方面的字），由於 1 字碼就取完了，就要加上一枚補助根，由的「我」的最後一劃丿

125

所形成的形狀是 X，所以我＝IX，又例如：西＝C（音），一樣是 1 字碼就取完了，所以最後一劃形成口，加上一枚補助根 O 以作區別，所以西＝CO。

　　請在瀏覽器(Browser)網址列輸入下列網址查詢此圖：
下圖就是嘸蝦米所有的補助根表。

https://boshiamy.com/images/root_end.jpg

　　所以補助根別多說了，記起來就對了。值得一提的是後來出版的嘸蝦米輸入法的補助根多了一個 V 鍵「頭碼＋尾碼＋V 鍵」來取碼，例如：雞「EWDV」現在變成 EVV，還有「懶」這個字，原本是 HJCB，現在變成 HBV，以上兩字都是「頭碼＋尾碼＋V 鍵」，有時候如果你遇到四碼以上的字，試試 V 補助根。

　　可能運氣好會辦中，不過 2 字碼的頭尾字就不用試了，因為一定可以用 V 它本來就是頭尾 2 碼的快速字，你還多加個 V 鍵，那不是畫蛇添足嗎？。

　　還有要特別提出的一個字，那就是「似」這個中文字，嘸蝦米理論上是要輸入 PUA 或 PUN，但要奇怪的是 PUN 沒有中文字，PUA 它不是第一個字所以要選字，沒想到竟然變成 PUB，我到現在也只能理解它的補助根是人「B（根本沒有 B 這個補根好不好）」，不過這個中文字如果改成 PUN 或許會更好記。」

　　接下來說一下嘸蝦米輸入法的「大根原則」，何謂大根原則呢？以「李」這個字來說明，最常用的是「木子李」還有「十八子李」，這時候我們就要選擇「木子李」，因為「木」比「十」多了兩撇，這就是所謂的大根原則。儘量先取多一點筆劃。

　　最後就是所謂的拆碼原則順序了，它所謂的眼順大於筆順

這方面嘸蝦米輸入法跟倉頡一樣，一個中文字的字根拆法都是「由上到下，由左至右，由外往內」，例如「巔」這個字，要拆碼的順序是「山，真，頁」，國這個字要拆「（口）、（或）（OAQE），不過折簡體字也行国（OKA）」。

再來說說嘸蝦米輸入法的另一個特性，就是簡體字與繁體字有時也通用，通常嘸蝦米輸入法都是拆繁體字，可是有些簡體字也通用，所以有時如果用繁體字要拆到 4 碼以上，你可以考慮試試簡體字來打看看，很可能就被你濃縮到 3 碼。「少打一個字根也是加速極限輸入的原則之一。」

請在瀏覽器(Browser)網址列輸入下列網址查詢此圖：

https://boshiamy.com/images/table_speedroot.png

最後就來看看新版本添加的簡速字根，如上圖所示，這是後來嘸蝦米輸入法改版後新增的字根表，雖然我到現在才提起它，但是事實上它的優先權高於基本的字根總表，您在打字的時候如果可以用上簡速字根，應該優先使用它，再來才是基本的字根總表。所以我才會在準備工夫的時候請您儲存及列印它，最好也給它來個貼膜護貝。

說到這裡大概把所有的拆碼應該注意的事項講完了，接下來就是要講老孤我的獨門秘訣，傳說中的極速輸入心法，首先您安裝的嘸蝦米輸入法要設定成以下這幾張圖的樣子，以符合我們日後學習及習慣的樣子，趁您還沒養成習慣之前，先糾正一些預設輸入法狀態的毛病。

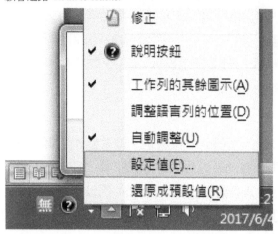

　　首先請您先修改一下預設的嘸蝦米輸入法的設定值，點選 Windows 輸入法狀態列向上的箭頭選擇「設定值」，進入輸入法的狀態設定程式。設定一個讓您舒適可能邊用邊學的環境來幫助您的學習及加速事項。

6-7「開始之前的注意事項」

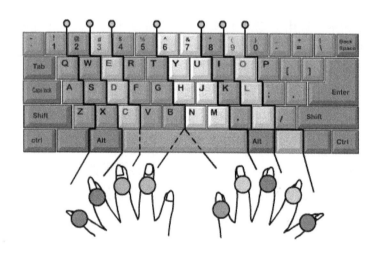

　　⓪. 上面這張圖就是手指與鍵盤的責任按鍵分配圖，那些按鍵要用那個手指去按最好都死死的照著上方的分配去按，我花

了好幾年的時間放任自己不去硬逼自己按照上圖的指示去按。

但是越打越快之後發現，從早期初階的一指神功「左右手的食指」，到進階的三指按法「左右手的食指、中指、及拇指」，來到後來極速的五指按法，到目前最後混沌自然的化境不一定怎麼按的「韻律忘我手指按法」。

自己的手指會漸漸的按照上面的分佈來按，也就是不知不覺的自然就養成了這個習慣（或許仍有一點點差別），但基本上打了 2x 幾年字的我，已經習慣用某些手指去按某些鍵了，最後培養出一種獨特的身體韻律感，就會加快你的輸入速度了。

「早期還有一種鍵盤的設計是可以把鍵盤拆成左右手各一半的特殊設計（人體工學鍵盤），如果您家裡有這種特殊鍵盤，那麼恭喜你，那就是初學中文輸入打字者學會分配左右手最佳的學習鍵盤」

對於初學者來說，由於還沒有養成打字的韻律習慣，所以照足上示圖的一切去做就是最好的選擇，一開始不用太在意速度，而需在意的是手指按鍵及位置的準確度，一定要強迫自己照著上圖的方式去按鍵。

各位可能都會發現，某些鍵盤上的 F 鍵及 J 鍵上面都有一個小小的浮凸塑膠粒，那就是給您放左右手的食指定位用的。千萬不要搞錯哦！

①首先不要問甚麼理由，請把「簡速字根總表」的一字鍵全背起來，因為這是沒有甚麼嘸蝦米輸入法邏輯的字碼，所以我在此也不多說甚麼，總之死背起來就對了，因為它完全不符合嘸蝦米輸入法的邏輯，所以您也只能硬吞死背。

「不過背不起來也沒關係，只要有印象就好，因為行易公司出產的嘸蝦米輸入法的練習程式，一練再練之後您就會漸漸記憶起來了，所以實在沒必要死背硬記，打久了之後您就會發現，在輸入法的世界裡大腦其實並不怎麼管用，而是用雙手及整個身體的律動去記憶感覺它。」

②. 有空就看看「簡速字根總表」以及「基本字根總表」，並且儘量也把它背起來，並利用嘸蝦米輸入法的拆碼字根邏輯，想出一個說服自己的理由來幫助您的記憶，但是沒背起來也沒關係，原因上一點已經講過了，所以在這裡不再贅述。

③. 根據輸入法的「提示最簡碼」，改變自己的拆碼原則，儘量讓自己少按幾個鍵，例如：「龍」這個字，它共有「AL1」、「AKP」、「ALV」、「LUL」四種拆法，最佳的選擇是 AL1，因為 AL1 只需要按 3 個鍵，而其它的拆法加上空白鍵輸入第一字，要按 4 個鍵。而且儘量記憶您的目標字碼在第一候選字裡面，因為這樣按下空白鍵之後就會自動輸入。不用注視它在選字排行第幾？而需要去看選字表按下相對應的數字鍵！這麼做也是在擠速度。

④. 請您儘量多加使用簡體中文的拆法，因為不但筆劃少取碼少，而且又可能開發出不用害怕選字的中文字碼。

⑤. 最好選擇左右手交叉不同手指的字根碼來輸入，因為左右手不同手恉幾乎可以同時按下去，再來才是重複的的按鍵，例如「若」這個字，它共有「R00」、「RX0」這兩種的拆法，理論上選擇 RX0 比 R00 好，因為選擇 R00 連續兩個 0 雖然不用移位手指，但是第一個 0 按下去還要等按鍵它彈起來才能按下第二個 0，它不如 RX0 完全是 3 根不同的手指按出來的鍵，間隔時間會更短。

⑥. 如果您是初學者，儘量去跟人線上聊天打字，因為那會刺激您的腎上線素，加快您練習嘸蝦米輸入法的速度。

題外話：我曾經有過一種狂想，如果我是中文輸入法的老師，我到底會用什麼方式來教學打字，我大概會請學生全給我上網跟異性聊天，學期末打字分數除了速度之外，就是看對方有多英俊或漂亮來打分或加分，因為你打字快就會有更快的機會接觸到更多的異性朋友，當然得高分的頻率也跟著提高了許多。

6-8「輕鬆上路」

終於我們要開始正式的輸入法學習過程，耐心的好好學著吧！進入輸入法解壓縮出來的路徑，看到一個「無」字 LiuCAI 那個檔案嗎？那就是嘸蝦米輸入法練習程式的執行檔，點選執行後就會出現下圖這個畫面。

如上圖所示「嘸蝦米輸入法」的練習程式主要分為 3 大項，首先是給初學者練習使用的「輕鬆學會嘸蝦米（如果你的輸入速

度還不到 1 分鐘 20 個中文字，您就要多多練習這個大項）」，再來就是給進階者練習使用的「嘸蝦米快打練習（一分鐘超出 20 個字之後的練習處）」。

　　以及最後用來的查看不會打的字之「嘸蝦米查碼程式」，還有右下角的四個白色圈圈圖形，只要按按看就知道是甚麼功能了。首先我們先按「輕鬆學會嘸蝦米」的圖形，進去之後就會出現下面的圖案。

 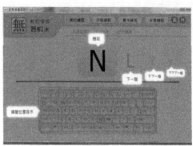

接著我們如上圖所示的選擇「英打練習」，進入英文基礎字根的畫面。

　　上圖的英文字母按鍵練習，對於一個初學者還不熟鍵盤位置的人來說，可以說是每天必練的科目，請您一天至少抽時間練習個十分鐘的英文字母練習，這個字母練習要一直練到您完全在十分鐘之內不會按錯鍵打錯字為止。「這可以說是一條漫長又無聊之路所以只讓您每天打個十分鐘。」

　　這個無聊枯燥的練習直到你盲打「不看鍵盤只盯著螢幕打」十分鐘的字母練習都不會打錯字就可以停止此項的練習了。

　　當您每天練習完英文字母輸入後接下來就是如上圖所示，選擇「字根練習」的功能，並且依次序從形－＞音－＞數字－＞英文－＞搖頭擺尾－＞其他。一個個練過去，每項都要練到不會打錯為止，才可以進入下一個步驟。

　　這項練習是在加深您對「基本字根總表」的熟悉程度，每項練習完之後它還可以選擇重新複習您剛才在練習過程中按錯的按鍵，總之您只要照著練習程式提供給您的練習久了就習慣了。

　　上圖是基本字根的單字練習，當您的基本字根都背起來後可以考慮玩玩這個單字練習，基本上行易公司出品的嘸蝦米練習程式，只要你按照它的順序練過去，日子一長時間一久您就會慢慢出師了。

　　以上的字根練習要到您完全不會出錯為止，完成之後您大概就將基礎的字根總表給記起來了，所以之前老孤說字根總表看過就好，不用死背起來，就是因為程式的練習可以讓您漸漸的學習起來，所以不用特別去記憶它，看看就好。

　　上圖中的文章練習，可以玩玩就好不用太認真，因為這只是一個基礎的練習，您尚未達到極限速度的輸入練習，不過文章輸入可以是一個指標，當您的輸入速度達到一分鐘 20 個中文字後，而且基礎字根都不會出錯了，那麼您就可以結束輕鬆學

會嘸蝦米的練習了。以後您再也不需要這一大項的練習了。

6-9「進階加速」

　　當您在輕鬆學會嘸蝦米的文章輸入可以達到一分鐘20個字以上之後，您就可以進入下一階段的練習了，這階段就是加速的簡速字根表及一些簡單的簡體字拆碼，也就是我們嘸蝦米練習程式的第二大選項的練習「嘸蝦米快打練習」。

　　上圖就是簡速字根的練習，這個練習是為了讓您更加熟悉「簡速字根表」，就跟輕鬆學會嘸蝦米的練習程式一樣，請您一項項的練過去，久而久之您的輸入法就會加快了。

　　這些練習至少要持續到您都不會出錯為止，當您不會出錯之後，可以說您已經將簡速字根表全背起來了。

　　這是一些簡單的簡體中文的練習，這是嘸蝦米的改良設計，您可以拆簡體中文字來輸出繁體中文，例如：「國」這個字，它

的簡體是「国」，您可以打 OKA，它一樣會出繁體中文的國。

上圖就是嘸蝦米的終極練習了，一二碼字全部練完，您就不用再回來「嘸蝦米快打練習」的程式了，這一項練到不會出錯為止您的輸入速度至少一分鐘可以超出 30 個中文字以上。

以上種種就是行易公司的嘸蝦米教學練習程式，至於最後的查碼程式或許在往後的練習過程中，您會需要用到所以這個連結最好給它傳送到桌面當捷徑，至於查碼程式怎麼用，它上面都有清楚的說明，您不用害怕，嘸蝦米輸入法的練習程式在這方面設計的很貼心，所以不用擔心不太會用。

6-10「羅馬不是一天造成的」

以上就是嘸蝦米的學習過程，行易公司出版的練習程式玩一玩您就學會嘸蝦米輸入法了，這叫「寓教育於玩樂」，邊玩邊學可以不那麼無聊枯燥，只要您照著本書的說明下去練習，等您把這個練習程式全部玩透透之後，我想一分鐘接近 60 個中文字應該難不倒辛苦練習的您。

最後我很想告訴您有更快加速的方法，但事實上就是羅馬不是一天造成的，想達到一分鐘一百個字以上，除了把這個教學程式玩透透之外，就是不斷的練習再練習「通常的是英文字母及位置的習慣練習，正如我前面講過的一樣，至少要練到十分鐘內都不會按錯字母的境界」。

打字再打字，這種提速的過程是很無趣的，不過您可以把練習的過程有趣化，例如上網去跟異性聊天，或者多多參與網上論壇的文章發表，總之就是不斷的打字，打最簡短的字根，久了之後您的速度就會跟著提升。

形成一種不經思考的身體韻動「輸入法練習到最後我個人保證您會忘了所學習過的一切，甚至可以說您連思考都來不及手就開始去打字了」，這就叫化境，當您到達化境之後，速度的提昇是沒法大幅的增長，只能靠經驗一點一滴的累積。

其實打字教學的部份到這裡就沒甚麼好說的了，因為行易公司出產的練習程式就是您最好的輔助學習嘸蝦米輸入法的最佳練習程式，比您單純開個空白文件來打字有趣及快速多了，當您練習到你需要的字幾乎都打得出來的時候，請您背誦一、二字根碼，等到二字根碼都背起來的時候，您大概就出師了，再來就是有空學學簡體字，因為有時候利用簡體字來拆繁體字，都可能符合最少拆碼的原則更方便您的輸入加速。

話說這本書應該在這裡就結束了，因為我的職責只是在教大家如何可以在最短的時間內學會「極速輸入」的路，當然也包括教學的過程，可是由於書籍不到一百頁，我在懷疑能不能出版，所以只好再拉拉雜雜加上一些內容。

我之所以不一個一個字根的解釋的原因是，解釋那些沒有甚麼意義，因為那些都要靠經驗及自己去學及悟的，就像我開頭緣起內容說過，以前的我是不可能寫這樣的一本書，因為不過是打字嘛！「年少輕狂氣盛的我是不會重視這麼基本而重要的一堂課。」

但是還是有很多讀者不認為打字需要被重視，當然這是您的想法，而老孤我尊重您的想法更何況以前我自己也這樣想，可是各位讀者可不可以聽聽老孤我這過來人提出的建議，放棄注音或拚音打字學會嘸蝦米保證您不會後悔，好處壞處前面都說過了，好好的要求自己的惰性改改輸入法的習慣，在您一分鐘還沒達到 180 字/分的境界時，即時的校正您的輸入習慣是個可以投資的標地。

尤其是嘸蝦米輸入法現在連手機都有支援了，常常因為打字慢而以圖代字的習慣可以慢慢收起來了，因為看到圖我個人就很懶的跟對方聊天，因為感覺不受尊重，反正您不想跟我說話，我又何必要跟您一般見識認認真真的打字。

最後之前提過嘸蝦米輸入法可以打簡體字，所以大陸同胞要學也可以，但是基本上它是設計給繁體中文的世界用的，所以大陸同胞來用的話可能會有些小麻煩。

當然不是指沒有學習的必要，只是有點學習上的障礙，因為習慣簡體字的大陸同胞，可能看到繁體字就會覺得懶得學，這是可以理解的心態，因為學繁體中文字出身的我們台灣人，我個人就喜歡寫簡體字「因為寫起來快多了」。

但正如我之前的分析一樣，如果大陸同胞你們選擇的輸入法，動不動就要拆超過四碼字的話，而不是三個字根碼就搞定一個字的話，實在沒必要去學習，因為那種輸入法的速度肯定快不過嘸蝦米，雖然簡體字打起來應該都比較快，不過據我看過的資訊都說兩岸的輸入法競賽好像都是台灣人贏居多，當然我也不太確定，只是在這裡略提一下。

如果這真的是事實，我想學會用嘸蝦米來輸入簡體字，應該也是一個很好的選擇，只要您家裡有電腦，偶偶練練我們台灣人發明的輸入法應該也不算數典忘祖吧！

6-11「其它功能」

最後來談談嘸蝦米輸入程式的其它功能，嘸蝦米本身的是可以打簡體出繁體中文字的，當然也可以輸出簡體中文字，所以中國大陸同胞也可以用它來打字,不過您在打簡體中文之前，要先輸入「,,C」然後按空白鍵,輸入法的狀態列就會變成「无」，

代表簡體字。而，，C 的簡體模式切換完成之後，一、二碼字可能跟繁體輸出模式有差異，原則上它的設計應該是把簡體字的選字順序提前了一點，讓它在選字的時候更快被看到。

要切換回繁體中文必須打「，，T」然後按空白鍵，輸入法狀態列就會變成「無」，代表回到出繁體中文的嘸蝦米輸入法。

還有一個「，，CT」然後按空白鍵，輸入法狀態列就會變成「台」，這代表「打繁出簡」，也就是您輸入繁體會出現簡體中文。

還有一些特殊符號的輸入，甚至連日文的輸入都有請各位讀者自行去參考行易公司的網頁內容。在這裡老孤就不多說甚麼，因為這些功能我可能都用不上。所以我也沒去研究，如果讀者你有需要可以考慮去學習一下。

6-12「終極加速，詞庫輸入」

最後來講講當您輸入練到無可練的時候該怎辦，老孤在此提供你們一個學習的新方向，就是充實嘸蝦米的「詞庫」，試試一次輸出二個中文字以上的輸入方式，但是行易公司好像沒有甚麼意思在這方面多多支援，所以詞庫好像也沒多少支援字。

當然這也可能只是我的孤陋寡聞，因為老孤我從來沒有需要這方面，畢竟一次二字到不如發展 AI 拼字，因為要習慣另一種的打字方式，而且好像也沒必要快到那種程度「當然這方面要見人見智」，我用不上不代表別人也用不上，所以這方面我的建議不怎麼專業，您就看看就好。

彩蛋篇：混沌數學

首先老孤想表達一個觀念，或許就叫「維」與「度」的差別，「維」一聽就覺得是一個網狀線性詞（頂多 3D），而「度」是個時空單位詞（至少是 3D），數學的「面」並不是 3D 的存在它應該只是 2D（不要被「點線面」這個詞給唬了），因為它在「笛卡兒座標平面上」（電子示波器的螢幕就是所謂的座標平面），只用到「X，Y」二軸就能表示出來的「幾何圖形」。

而「體」這個字才是真正的 3D「幾何圖形」，因為它需要「X，Y，Z」三軸合成才能表示在 2D 平面的紙上，而我個人覺得數學上的「維」並不等於「度」，應該是不同的概念單位，所以不應該當做一個詞一起合用，應該是兩種不同的觀念，就是因為這個觀念不清楚，才會造成目前數學上「維度空間」理念出現爭議的邏輯問題。

「維」可以是任何的一種「線性」數據，長，寬，高，深，時間，空間，速度，質量，能量，角速度，自旋…等，都可自稱為其中「一維」，所以那些老外說的 10 維 M 理論，11 維的超弦理論甚麼的，其實都只是數學上運用方法，怎麼想都不覺得它能超出 3D 立體的範圍。

因為我只要一個大空間的 3D 空間，就能把以上牽扯上的「維」都「包含」在內了，它們好像也沒超過（X、Y、Z）的座標標示之內，所以我一直無法理解為什麼它會有 10 維 11 維之多，在我的觀念裡。甚至在物理學上超過 4D 度空間就很難用科學的方法有形象的幾何圖形給證實的了，因為你無法停止時間。所以我想老外需要再創一個新的字詞把「維」跟「度」區分清楚。

並不能用一個「Dimension」就搞融合詞性的工作。（如果不懂老孤在講什麼，請參考老孤所著「混蒼生（Chaos Life）」

ISBN：9781625034038 一書內的「時空論」這篇文章，所以這方面就是我個人的意見而已，聽不聽、贊不贊同我都沒意見。

由於老孤我從國中一年級下學期開始就因為一些我覺得不良的教育環境習俗，影響了我個人的心理因素下，所以就不再有上進競爭求成績，以討好別人換取良好態度對待的價值觀，所以說從那時候起就開始不再力爭上游努力用功了。

再加上開始沉迷於電腦世界的知識探索，所以從小保持到大的數學優越感及興趣不斷滑落，不再用心於數學的知識學習，改而轉向別的能讓我身心愉悅的老師或科目投放心思，不再在意別人對我的期望，所以基本上數學成績往後都是一路下滑到接近貼底，由原本幾乎從小滿分到大的成績滑落到 6 年後的不及格。

可以說從 13 歲左右的我就開始討厭數學了，尤其是那種不斷填鴨式的教育計算技術方法，卻從來不解釋數學各種名詞及為什麼存在的歷史介紹，為什麼「數學」是「萬科之母」的重要性理由（我想他們也不清楚數學科目為什麼重要吧！所以也解釋不出個所以然來，只好一代教一代下去繼續誤人子弟的混飯吃）。

因此這個混沌數學上的法子可能性想法研究，只能交給有興趣的讀者或者覺得可以是個突破點的人去實踐這個研究法子，這個想法基本上就是以「各種大小的點或圓」的方式去「構築整個世界」的各種幾何、各種數據的統計實驗計算法以累積資料量，再從海量的各種實驗資料中，看看能不能找出一條「微積合一」的算法，融合「微分」與「積分」的數學算法。

這個方法基本上開始是「以點畫圓」的精神，可以考慮用各種大小「相同」甚至最後「相異」的圓形，去「描邊」組成

一個大圓型，以符合真實圓周率 π、PI（圓周邊緣不能有四四方方的邊緣鋸齒）」，記錄種種數據呈現資料做好統計工作。

例如：1cm 半徑的小圓形需要重覆多少次？彼此覆蓋多少面積百分比%？重覆畫多少次？傾斜多少角度？才能構成一個「放大或縮小」的實踐出另一個「無鋸齒邊的圓」，而它們之間又有什麼樣的「因果關係」，從 2D 平面開始統計各種實驗出來的數據資料，再來不斷的擴充畫圓的半徑及測試覆蓋圓的半徑，研究各種比例的公式，最後利用龐大的測試資料。

再來統合計算實踐資料之類的計算工作，才能呈現一個幾倍的正圓形，又能符合「圓周率的無限數據本質」，從 2D 平面圓的各種半徑大小的圓以及各種更小的圓點組合而成的種種關係中所實做出來的數據統計，看能不能找出一條「以圓點畫圖」的各種公式的推導計算。

老孤如果沒有料錯，這可能是很大量的工作，最好有數學專用的電腦幫忙實驗，當然也不排除有拿鉛筆計算的天才，有興趣的人請加油，期待你們敖出頭的那一天，普立茲獎等著你。

這個東西研究出來，有什麼用？如果你不懂，那麼就不需要傷腦筋了，因為太累了。「我想這個應該是數學大一統理論的方向」（當然也不排除這是我的妄想，所以您就笑笑算了）如果我沒料錯的話，這個至少需要「五度空間參數」以及龐大複雜計算工作才可能完成。所以像老孤這種個人研究工作者，就不參與這個盛會了，希望總有一天能解開這個謎。

彩蛋篇：完美結構與無限壓縮

大概在西元 2000 年左右，老孤看著自己在天花板上做的裝飾藝術蜘蛛網，突然有一天晚上突發奇想，能不能有一條路可能走出這個網中的路線，於是開啟了我的幻想關於「完美結構」與「無限壓縮」二道課題的改善未來電腦軟體的研究。

就在我想什麼結構才能稱之為「完美結構」時，由於「混沌悟」的口訣「有形有限、無形無限、善惡極致、化機盡現」的提示下，我靠著「雙極端」的觀念就想像濃縮出了一個答案，「沒有結構」才是「最完美的結構」。

所以只要解決一道難題就能有「完美結構」的出現，那道題就是：「如何可以在一段數據中包括所有數據資料，並且不用特地去告訴系統讀多少位元組（Bytes）」，完成這一道課題就能打破結構的定義，徹底融合「格式」與「資料」合二為一完成真正意義上的「完美結構」。

這樣的運算結果會形成完美結構「可長可短」、「千變萬化」一切資料都能濃縮在一段 16 進位碼之內而不用特別去指定容量，繼而可以敲磚探索開啟「無限壓縮」的大門鑰匙，完成真正意義上的「軟體革命」。

後來我嘗試了不少想法，也把這個觀念告訴了不少朋友，但是這兩道題實在是太難，從利用 XOR 及 NXOR 的邏輯運算到各種立體幾何圖形的推算之下，好幾次都好像隱隱掌握到一絲照亮黑暗腦海的光明，又從計算錯誤中否定掉這些可能

選擇 XOR 邏輯運算的原因就是因為它「有計算又不失真還可縮短數據甚至可以連續壓縮」，所以隱隱覺得它是條道路。後來又覺得它在違反「質量守恆」定律，所以最後就漸漸淡忘繼續過著我隱士般的悠閒日子，不再費神關於這個問題的研究

了。

後來幾年後突發奇想覺得「圓週率 PI」或許可能拿來利用使用一下，因為它是「無限的實在數據」的展現，所以我所需要的各種數據資料它一定都會有，只是不知道在圓周率內多少位址到多少位址之間。

所以開啟了另一個研究的方向，就是利用圓周率 PI，研究它的快速計算、定位、存取及運用的公式，甚至取位公式的改良計算方式，以圓周率 PI 是世界統一數據的本質，將來或許可以做成一顆晶片加入到電腦的硬體之內來運用加快電腦的速度。

以後只需要在網路上傳輸一小段數據碼的公私鑰及其他功能複合的加密編碼運用出來，就可能寫成一種涵有第八感「生滅境界」的軟體，以後只需要公佈一小段數據，就能靠這段數據生成「完整的軟體」加快安裝速度，當時我還戲稱取名它為 DNA「Dataspace Needless Anymore」，哈哈、具往矣！

不過我實在是沒有興趣及數學能力有限，所以也完成不了這種龐大的研究，所以就把它的構想寫出來，交給普羅大眾及各位讀者中的愛好者，有空有閒有錢有興趣的人自己去研究了，我還是繼續當我的隱士吧！加油！人類的未來靠你們了。（先忽悠點雞湯）。

可能如果上一章彩蛋篇的混沌數學問題解決之後，這兩道難題就不是什麼難題了，各位研究這些的專家與權威人士們上吧，我聞到新大陸的味道了（老孤的哥倫布狂想），人民在後面看著你們呢！

彩蛋篇：動態自然組合語言「DNA 基因語言」

DNA 語言(Dynamic Nature Assembly)

很多網友覺得老孤好像會很多東西，但是其實這是一個大大的誤區，老孤最擅長專精技術是「思考」跟「設計」，這得歸功於老孤在電腦界混了將近 40 年的成果，練出了我所謂的「駭客心眼」及透過電腦去「感應環境」的能力，就實際技術工作而言，我的確會很多東西的知識學問，但是實際的技術操作層面上不見得比一些專門人士熟練。

畢竟我的一天一樣是 24 小時，沒有比別人的時間多，所以就造就了我「樣樣通、樣樣鬆」的奇怪境地，至於電腦程式語言，我其實沒有一套專精的程式語言，就像前面章節講過，我學程式語言是在「吸收設計思想」及思考並感覺「電腦工作流程」，並不是實際層面的「語法寫作」…等。

究其原因應該是我天生叛逆的因素使然，我不太喜歡跟著潮流或大流合併走向，我喜歡自由自在自我研究使用方法創新設計居多，所以我並不會把心思放在專精於某一套軟體之上，完全是自然的跟著感覺走的個性。

也因此老實說我沒有一套專精的程式語言，大概是我總覺得應該可以設計出更加無瑕的程式語言（因為完美並不存在），所以我就不會投放太多心思在精通任何一套的程式語言，因為我知道我總有一天要設計出一套更加無瑕的「程式語言」（至少在我的世界觀裡面確實是如此認為）。

所以我瘋狂的吸收各式各樣的思想，並且融會貫通出了「混蒼生(Chaos Life)」這本思想書，而它也是我的總體思想，雖然實際出版刪除了不少我的其他論文，但是由於它是我出的第一本書，所以可以說是我的「思想精華」，畢竟我是真的求道將近 40 年才融合出這本書的內容。

不過這都是陳年的老黃曆了，所以也就不再多說什麼，我一個人要設計出一套無瑕的「程式語言」當然沒那麼簡單，因為在我心目中，最理想的程式語言必須擁有「跨平台」、「效率高」、「成品檔容量小」、「寫作容易」、「可模組化及支援度高」、「多國語言」或「可以當 OS 的 Shell 使用」…等，要兼顧這種種的功能其實在硬體沒有統一之前來說，是不太可能出現這種「程式語言」的。

但是老孤我就是一個不信邪的人，一定要無極限的接近完美設計，可惜畢竟我一個人是不可能完成這種龐大的工作量的，尤其是我又懶惰得扣八扣母，很多時候我都想放棄這個不切實際的夢想，但是誰叫好死不死又讓我抓到前進的方向，目前這套被我設計出來的 DNA 語言又稱（基因語言），實際上我還沒有實做，實在是一個人做這個事太累，而且我也沒強烈求名求利的想法。

所以一直停留在紙上談兵的步驟，加上我其實沒有一套專精的程式語言，再加上硬體 CPU 資料蒐集不易，畢竟很多晶片設計資料本身都是商業機密，廠商公布出來的只是它們開放讓大眾知道的部份，至於晶片設計有沒有「後門」，除非他們良心發現，否則我個人是很懷疑在「無奸不成商」的原則之下，不太可能不給自己留條後路。

能讓我放心使用的程式其實並不多，畢竟商業就是戰爭，無所不用其極的手段是很正常的，所以各廠商有沒有留一手，大家心裡都有數也就不多說了。因此老孤在這裡拋出我的 DNA 語言構想，給各位讀者當彩蛋禮吧，當然誰有空去實作直到它出現在世界上，就不干我的事了，祝福各位邁進的勇者。

其實基本上這方面我的想法很多，但是最重要的切入點是各「CPU」或「可程式化」晶片的指令集，CPU 雖然架構都不同，

但那是指硬體各別設計的結構功能，只是對「軟體」尤其是「程式語言」來說，有差別的是各種 CPU 晶片提供支援的軟體操控硬體「指令集」不同而已。換句話說，我們只需要統一「硬體指令集」就好，發明一套「通用的晶片指令集命令階層」之類的東西，我們就能統一「組合語言」的功能，形成「動態自然組合語言」簡稱 DNA(Dynamic Nature Assembly) 的基因語言。

而相對於「低階的指令集」而言，它的構想，相當於「高階程式語言」的函數、副程式、巨集功能，但基本上 CPU 晶片是由各種「邏輯閘」組成，所以我們最基礎的指令只需要模擬「邏輯閘」的功能就可以了，而後再發展「巨集功能(Macro)(對岸稱為「虹」)」，就像玩「樂高積木」玩具一樣，由基本的各種積木「邏輯閘」指令集功能，一步步層層疊疊發展出一套指令函數即可。

查閱維基百科「邏輯閘」，目前世界上只有 10 種邏輯閘指令，所以其實 DNA 語言最基礎的指令只有 10 個，何其的幸運啊。這 10 個指令分別是：AND、OR、NOT、NAND、NOR、XOR、XNOR、BUF、IMPLY 及 NIMPLY，也就是說我們最基礎的積木只有 10 種之分，而且基礎邏輯擴充的可能性不大，所以這 10 種邏輯閘的功能就是我們最基礎的 DNA 指令。

這 10 種邏輯閘指令的功能列表如下表所示，但是認真的看起來，其實根本用不了 10 個之多，有些邏輯閘的功能，其實本身就是疊加出來的，例如：NOT 邏輯閘，至少疊加了 4 種的邏輯閘功能，所以可能最基礎的邏輯閘指令只有 6 個，跟「六法全書」的叫法很像，難道 3D 空間最基礎的 6 個面是一種真理嗎？(上、下、左、右、前、後，算了還是別想了)。

邏輯閘	圖示／邏輯函數表示	名稱	短釋	真值表 輸入		輸出
NOT	$\bar{A}$	「非」門／反相器／「反」閘／逆變器	輸入的高低狀態會逆轉。	A		NOT A
				0		1
				1		0
AND	$A \cdot B$	「與」門／「及」閘／「且」閘	所有輸入為高時，才會有高的輸出。一低出低。	A	B	A AND B
				0	0	0
				0	1	0
				1	0	0
				1	1	1
OR	$A + B$	「或」門／「或」閘	所有輸入為低時，才會有低的輸出。一高出高。	A	B	A OR B
				0	0	0
				0	1	1
				1	0	1
				1	1	1
XOR	$A \oplus B$	「互斥或」門／「互斥或」閘	只有其中一個輸入為高時，輸出為高；否則為低。	A	B	A XOR B
				0	0	0
				0	1	1
				1	0	1
				1	1	0
NAND	$\overline{A \cdot B}$	「與非」門／「反及」閘／「非與」閘／「反且」閘	所有輸入為高時，才會有低的輸出。一低出高。	A	B	A NAND B
				0	0	1
				0	1	1
				1	0	1
				1	1	0

				A	B	A NOR B
NOR	$\overline{A+B}$	「或非」門／ 「反或」閘／ 「非或」閘／ 「反或」閘	所有輸入為 低時，才會有 高的輸出。 一高出低。	0	0	1
				0	1	0
				1	0	0
				1	1	0
				A	B	A XNOR B
XNOR	$\overline{A \oplus B}$ $A \odot B$	「同或」門／ 「反互斥或」 閘／「互斥反 或」閘／「互 斥或非」閘	只有其中一 個輸入為高 時，輸出為 低；否則為 高。	0	0	1
				0	1	0
				1	0	0
				1	1	1
				A		BUF A
BUF	A	「是」門／同 相器／「同」 閘／中繼器	輸出一個與 輸入相同的 高低狀態。	0		0
				1		1
				A	B	A IMPLY B
IMPLY	$A \to B$	「蘊含」門／ 「蘊含」閘	如果第一輸 入為低時，輸 出高，否則輸 出與第二輸 入相同的高 低狀態。	0	0	1
				0	1	1
				1	0	0
				1	1	1
				A	B	A NIMPLY B
NIMPLY	$\overline{A \to B}$ $\neg(a \to b)$	「蘊含非」門 ／「蘊含非」 閘	如果第一輸 入為低時，輸 出低，否則輸 出與第二輸 入相反的高 低狀態。	0	0	0
				0	1	0
				1	0	1
				1	1	0

以下的表格是老孤覺得依照真值表 16 種排列組合，還少發明的 6 個邏輯閘，其中有 2 個「主決」與「反控」閘可能沒存在的必要，因為都跟 A 的狀態有關，跟 B 無關而且無邏輯運算關系，所以稱不上「邏輯閘」運算。

不過我還是規範出來記載而已，可能將來有某一天在 AI「人工智慧」上需要用到它們的邏輯關係。還有 2 個產生 0000 與 1111 真值表的邏輯閘也沒有存在的必要，不過它們或許該稱 0000 為「信仰閘(Faith Gate)」、1111 為「革命閘」，因為這 2 種真值表組合跟「導線」狀態一樣，沒有存在的必要。

邏輯閘	圖示/邏輯函數表示	名稱	短釋	真值表		
				輸入		輸出
Decide	老孤沒設計代表圖	「主決」門/「主決」閘	A 作主決定任何的狀態	A	B	A Decide B
				0	0	0
				0	1	0
				1	0	1
				1	1	1
Game	老孤沒設計代表圖 A<B	「物競」門/「物競」閘	B 有作功去爭才有 50% 的機會出頭，不爭 100%失敗	A	B	A Game B
				0	0	0
				0	1	1
				1	0	0
				1	1	0
Passive	老孤沒設計代表圖	「被動」門/「被動」閘	一切由B的狀態決定	A	B	A Passive B
				0	0	0
				0	1	1
				1	0	0

				1	1	1
NPassive	老孤沒設計代表圖	「反被動」門/「反被動」閘	反一切B的狀態	A	B	A NPassive B
				0	0	1
				0	1	0
				1	0	1
				1	1	0
Natural selection	老孤沒設計代表圖 A＞B	「天擇」門/「天擇」閘	天擇之下，你只能選擇順天才有75%成功率，別想抵抗自然	A	B	A NS B
				0	0	1
				0	1	0
				1	0	1
				1	1	1
NDecide	老孤沒設計代表圖	「反控」門/「反控」閘	反對A的任何狀態	A	B	A NDecide B
				0	0	1
				0	1	1
				1	0	0
				1	1	0

　　上面幾頁的列表我想沒有學過「數位電子學」或「布林運算」的人恐怕不是那麼容易理解，但是我相信有點年紀的電腦工作從業者或資深「程式設計師」一定看得懂以上的列表，至少我的高職同學理論上應該要看得懂才對。

　　第一張的表格上面就是目前世界上所擁有公佈的 10 個「邏輯」指令，其實基本款也就 6 種而已，其它都是像「樂高積木」

排列組合而成的「合成指令」。

第二張表格是老孤依照完整的真值表排列組合出來的邏輯閘，未來 AI(人工智慧)上可能會有用上的邏輯思維，不過實際上有用的可能只有是「天擇閘」與「物競閘」而已，其他的邏輯閘關係好像雙方沒有產生所謂的任何客觀交集關係，當然他們也是有邏輯關係的名詞，只是好像沒計算的必要，直接贊同或反對任何一方而已，我想可能還有其它的運用方向，只是我們目前還不知道而已。

其中邏輯閘最基本的 6 款指令是 NOT、AND、OR、XOR、BUF、IMPLY，表格後方所謂的「真值表」其實就是如何對這個「邏輯閘」的接腳，接上「電壓電流」運用出來的值是「0 或 1(0 代表沒電壓電流、1 代表有電壓電流，如果是 TTL IC 的話是 5V」，當然「數位電子學」沒有那麼簡單，有興趣的可以去買書來學學，因為在設計「數位電路」之時可能會用上，尤其是「布林運算表」，那更是設計數位電子電路的「元件」所需要的邏輯閘。

基本上所有電腦指令功能都來自這 10 個邏輯指令，但是只有 6 個「邏輯基因」，其實我只研究過 4 個指令的實際功用，這將近 30 年來只多了 2 個邏輯指令，那就是 BUF 跟 IMPLY 是新增的，而 BUF 其實很好理解，這個邏輯指令其實就是「充電」、「緩衝」用的，因為它的輸出值沒有改變，作用應該是讓數位訊號傳得更遠，而 IMPLY 有點包涵、概括、連結、聯想、意味著的意思，應該是很接近「模糊邏輯」的使用閘道(Fuzzy Gate)。

早期我只研究 NOT、AND、OR、XOR 這 4 個邏輯指令，最基礎的應該是 NOT 指令，因為它是二極體的基本功的開關切換(Toggle)功能，而 AND 是拿來作「關閉(OFF)」動作(因為 AND 0 永遠為 0 的指令就是關閉功能)，OR 是拿來做「開啟(ON)」動作(因為 OR 1 永遠為 1 的指令就是開啟功能)，而 XOR 是拿來「比

較」兩數是否相等之用的，因為 XOR 運算兩輸入數，如果相等就會輸出 0，不相等就會輸出 1，至於其它的邏輯閘其實就是再組合一個 NOT 閘產生的變化而已，作用是切換「真值表」的邏輯「電壓電流」，所以沒有太深入的研究。

基於上述的種種理論之下，DNA 指令結構可以總結成下列邏輯層次。

FUZZY：統一的邏輯運算指令，最後統一全邏輯運算發展而出的邏輯目標指令，應該也是 AI 在研究的最終目標指令，這個可能沒那麼容易，需要數學大一統公式，也就是彩蛋頭篇的混沌數學研究出來才可能開發出來的指令，目前只屬於目標物而已。

NOT BUF：一個改變值（質量），一個改變充實能量，所以這二個指令是用來改變切換「時空」、「質能」之用，經過 NOT 運算「時空」都會改變屬於時間空間跳躍指令之類的，而 BUF 則是改變「質能」為主，如果不懂老孤的言論理論，建議你先去看看老孤所著的混蒼生一書，就不再多言了。

AND OR XOR IMPLY：如同它們字面上的邏輯運算功能一樣，所以我就不解釋了，至於它們如何運用在「邏輯數學」之上，請自行去研究，畢竟這是彩蛋篇不是技術教學篇。
NAND NOR NXOR NIMPLY：最後這 4 個指令就是加上 NOT 的反相利用變化，所以就不多作解釋了，畢竟沒有新知識居多，使用者自行研究吧。

至於如何用「邏輯」閘做數學加、減、乘、除、移位…等。這個需要所有使用者自己動動腦，20 年前我曾在網路上寫過類似的文章，利用邏輯做出「加減」功能…等，乘法跟除法無非是「連加法」、「連減法」的微積思想發揮，就不另外廢話了。「參考混蒼生「數學」那篇文章」。

最後就是所謂的指令格式，因為 DNA 語言的目標之一是與 OS 的 Command Line(命令列)也就是 Shell 合二為一，所以個人覺的「組合語言的語法」只需要稍微改變一下，就能拿來給 DNA 語言用。

我個人覺得的語法如下：

語法定義：

「標示(可有可無)」：「指令(函數 1…函數 N)」「目標(函數 1…函數 N)(依指令需要而可有可無)」「來源(函數 1…函數 N)(依指令需要而可有可無)」//「註解(依指令需要而可有可無)」

上述的指令模式就只是一些基礎的模型而已，指令才是第一重點，其他的格式或許都跟著「指令」起舞而可有可無的存在，屬於一種選擇使用的類別。

至於要不要再開發其他的多功能的指令、函數、包裹、連結庫(LIB 或 DLL 連結庫檔案)…等等，就跟 GO、C/C++…等其他語言一樣，這是開發者的選擇。

我相信按照這個基礎發展下去，DNA 基因語言一定可以慢慢的融會貫通統一語言的道路，如果指令不用英文而是使用老孤所創的「NEWS 無盡之語(心紋語)」那就更好了。

最後漸漸的由基礎指令集，加上劇本巨集(Script 或 Macro 的開發)，就能漸漸組建出整個電腦世界的語言架構，一開始先寫一個 DE(Detect Environment)作業環境偵測模組程式。

用來偵測使用者的編譯環境及預設發展環境目標，將各種可程式化晶片或 CPU 提供的指令集給「轉譯」，成 DNA 基因語言

的排列組合語言程式，再送進去編譯器之後就是能直接執行的無冗碼機器碼，只要可程式化晶片資料齊全這樣一整套 DNA 基因語言環境就成熟了。

其實一整套語言最難開發的是「組譯器」或「編譯器」這個程式，因為它才是負責將你寫的各式各樣的組式語言語法「翻譯」給晶片或其它環境下作用的工具。

所以構想一套語言並不算太難，難的是「語法邏輯解析器」及「最佳編譯器」的寫作，其他工作不過都是在紙上談兵，這套 DNA 基因語言存在的構想差不多 20 年了，只是老孤沒那個資源去開發，所以就把這個想法送給世界了，希望有錢有閒的人可以去試試開發看看，就這樣了。

有了接近完美的 DNA 語言之後，我們再利用這套「創世語言工具」結合其他知識學問與資料的使用，就可能寫出一套更加優秀的作業系統(OS)，完善我們整個軟體的環境，畢竟「程式語言」是整個軟體的靈魂創造軟體，工具好一點寫出來的東西也比較沒有瑕疵。

混蒼生補遺篇：「管」與「賭」

管理哲學之我見，其實最終只能歸類成兩類，「管理（控制）」及「賭博（投機）」性質。

管理極致＝管到無法再上桌
賭博極致＝用盡籌碼賭一把

由於人心不定、不一、易變，這三項「人心的性質」或許也是「易經」在研究的目標，所以管理不管你是多麼盡力都只能管理極致的 99%，剩下的 1% 通常叫「天意機率」，在人的身上就叫「靈性天賦」，老話說「盡人事、聽天命」，「謀事在人、成事在天」，這個天就是「環境影響的總稱」。

當您能管的範圍已經盡到力了，依然要去「行動」賭最後 1％的「天命」（也就是俗稱的「擲杯」），這是屬於 IQ 的方面，剩下的就是 EQ 的訓練「不操那個閒心」。

而賭博極致精神根本就不理甚麼天命，完全要不在乎成敗，只需要從過程中得到「愉悅」的感覺，讓自己感到快樂與痛快，屬於 EQ「情緒智商」的鍛練培養承受訓練。

所以啊，這兩者之間的平衡就要靠教化來圓通道化，因為不管你怎麼盡力都有 1% 的模糊不肯定性，而這 1% 就是「德」的培養，是要靠「教化」來達到目地的，最終目地是培養出一顆「自然無極」的心，以承受所有的後果。

所以人世間每一件發生在你身生的事，都可以很有意義，就看您怎麼去看、怎麼去想、怎麼去適應，安然的接受結果。

一個好的上位者最好是集聚「管理教育」的性質，聽取各方面的意見之後，瞬間用 IQ 判斷出勝率，然後用高 EQ 悠然的「自然無極」心緩步執行。

因為他(她)們不會輕視四度空間內最大的敵人「時間」，不過速度及力量要調節好就是了，速度太快而效率那是「機器的精神」，一般人是承受不了這麼高效率的，為了生命著想最好就是「緩步執行」。

我不信奉「真理」而追求「道理」，我的「道理」，不是「真理」，而是我的「道」，我的「理」，而世界上誰都有自己的「道理」，所以才說「頭頭是道」，至於判斷誰對誰錯，那些勝負功能的是「真理」。

那個叫「實力(軟實力及硬實力)的總合」，而真理就是不講理，信奉真理的人是不會跟你「講理」的，「真理」其實就是「弱肉強食」，只能讓人「威服」，不能讓人「心服」，而且它也不需要你「服」。

「道理」你可以選擇相不相信、接不接受，因為他常存，無處不在，相信接受就能有力量說服自己的內心，理解目標對象進而產生「同理心及感同身受」，不相信接受講甚麼都多餘，變成娛樂功能，看你表演。

混蒼生補遺篇：修心悟道行走逍遙遊之境

「自行訣」

悟＝內觀感自心，外對世間情，依法解神魔，行走天地間，用以生靜神、養動泄魔欲

「六觀心」

主觀立場、反觀立場、客觀立場、旁觀立場、無觀立場、自然立場

「人界行」

自觀行＝過生活，悟真心，起真因，感真情，行真意，修真為，
負自果

「二十七境」

自然混沌 神靜魔動 宇宙擴縮 陰陽聚散 毀滅創造 成道生德
質能互換 混合生物 來源入心 本性欲望 意識進成 自主思想
修道養德 覺悟真心 行動隨意 求知認識 語言數學 萬科父母
立志行真 守信循禮 合法受果 創質化能 破空顯靈 脫死超生
返本歸源 融合時空 無始無終

「法理情」

法是直線 理是曲線 情是放射線
法是冷的 理是溫的 情是熱的
法是先天 情是後天 理在中間
先天只能被動接受 後天可以主動選擇
法與情競爭合作平衡取理

「心法」

順其自然、擇道而行、放下執著、過好日子

「武技、舞藝修煉大綱精神」：道法自然，學習從模彷自然界
的一切為主，技藝從擬真自然界的一切出發。」

「傳說中道家的修為境界」
練精化氣、練氣化神、練神還虛、練虛合道。

「※個人在這裡小小解釋一下，所謂「練精化氣」很多人都以
為是「精液」，其實我覺得這是誤解，因為女子不就練不了，
這個「精」字，我個人比較偏向身體的質量精華，例如：內分
泌，消化液，脂肪、贅肉之類身體多餘出來的東西質量」

利用吐納（鼻吸嘴吐）之間呼吸速度來調節心肺律動速度，來配合任何運動或動作，帶動相關十二正經絡「例如：肺經、心包經、心經…等。（相關資料請查看「混蒼生（Chaos life）」）做到甚麼動作都能臉不紅、氣平和、心不急，不論動靜之間，都可以配合動作，作各類運動。以最小的能量付出來作輕鬆動作而不累為目標，首重精準度、次重速度、最後重力度，達到收發緩急精準度都能隨心之意。

撐大你的身體承受力，所謂「氣血雙修」，消耗體內多餘質量是為「煉精化氣」，「氣」是能量，血或經絡是運輸能量的管道，避免浪費您身體裡面的「精」、「氣」，「練精化氣」大概就是這個方針，至於選甚麼種類的運動技能，世界上已經有好多了，我就不多講，自己選擇吧。不過建議你的一切準則儘量符合「○」、「∞」這二個幾何圖形的精神，就是各種「雙極端」元素的組合，以布袋戲的招式名來稱，是軍神的絕招防禦招「返無」、攻擊招「歸一」。

一吐一納之間、用心感受自己身體內部及天地自然的存在位置，練到最後要達到「五感全失也能感受到世界」，也就是你是沒有感覺的人也能行走天地的目標，不管是剛柔之技隨你選擇。

提煉「精」質來產生「氣」。

再利用身體的各種運輸管道，例如：十二正經，奇經八脈的經絡之類的百穴藏氣個人建議奇經八脈比較安全，因為十二正經會影響您的五臟六腑，這方面最好找精通中醫的醫生去查證修正煉氣經脈連通路線成循環，如果老孤沒料錯，你練十二正經一定會影響您的生理，可能由內而外改變您的外在風貌，運送氣血質能，控制身體的能量分佈產生電、磁、力能量之類的「萬有引力」，由能量去感受環境，「練精化氣」維持身心

在任何環境都能自然動作無礙，負擔很小是第一個步驟。「這是內外力的雙修」

第二步驟「練氣化神」，就是心腦合一控制你的心神，達到集中意念的力，直到神到意到力到瞬間全身都能反應的目標實現，也就是培養「行動力」及「應變力」，以期達到「後發先至」的目標，首重「速度」次要「力量」，最後完美精準控制「能量大小」達到「入微（絕對精準零誤差）」的境界。

第三步驟「練神還虛」，基於以上這些完成了，就是放空你的神識，達到空心不傷耗神之類的讓身體能自動用吐納，引動自然之力來修補身體質能，外在練「無心為戰，處處破綻」的極致防禦技能，一遇狀況就可以自然瞬間提神反應的能力，達到下意識不用思考的瞬間反擊，達到「出奇不意、攻無定所」的極致攻擊的境界，讓對方對你立場完全摸不準心態的模糊態度，只能亂猜，完全平衡自然無極心○形精神用來防禦，混沌模糊隨意的行為∞形精神用來攻擊。

第四步驟「練虛合道」，就是跟外界的自然世界環境形成循環，利用自己身上的氣形成的萬有引力，引動自然力量形成蝴蝶效應，用最小的力量引動自然力，幫你省力，也可以運用自然力排泄身體內的廢物以清自氣養身，然後達到永達質量不生不滅的質量守恆，也就是連續作戰之類的都不會耗神費力之境界，直到想做甚麼就做甚麼的地步，要吃就吃，要睡就睡。

最後的第九感「破碎虛空」就是把全身的「質量」都練化成「能量」，引動最大能控制的自然力量，化作一股「有意識的能量體」，集中一點破開空間「這可能會自爆」可能會引發混沌理論，可能會做白工白死，所以在這裡先說好「掛了別怨我」，因為能量能不能靠您的精氣神意志集中而不發散天地間不知道，所以做這招可能要真的活得不耐煩了才去試。

最後就是第十感的顯靈境界，就是再從「有意識的能量體」變成各種外狀呈現在別人的面前之類發揮方式。「破空」之後都是未知數的，對世俗的價值觀來說，死亡率可以說 100%，所以要有必死的決心，活煩的心思才能做。這是老孤個人創的修為之訣，諸君自決！

以上就是老孤思想總結歸納出來的「修真」訣竅，準不準確的個人無法保證，但是符合我目前的思想立場邏輯，也就是我個人如果要去修煉會這樣子做，可惜我懶惰的扣八扣母，所以將來想做的時候再說吧，反正該說的我已說，做不做的不是我能替別人決定的，信不信的在你！

混蒼生補遺篇：哲學家

就目前世界上所有學科知識分門別類來說可以分成三大類，也就是「神學」、「哲學」、「科學」。

「科學」就是當今世界所有「感官」能夠感覺到，總結「思考」出來的所有知識及實證的資料。也是最為容易入門學習的一個學科，同時也是目前世界的主流學系，「科學」極度重視培養「行動力」，也就是著重點在於「感官能力」。

而「哲學」是「思考能力」總結出來的簡單字句的學科，它存在於每個人的（腦）裡或（心）裡，就是俗稱的「智慧」，也可能就是亞當夏娃吃的伊甸園的那棵果實的功能，以現代人「科學角度」來定義的話就是「A.I.（人工智慧）」，所以哲學重視的是「思考能力」與「聯想索引連結通化能力」，你可以代入想象最強的 AI 是什麼樣，最強的「哲學家」也就是什麼樣，重點在於「思考能力」與「聯想索引連結通化能力」。

「神學」就是「科學」還沒產生前的「知識」，自古以來的種種傳說資料及「哲學」思考總結出來的學科，重點在於你

「相不相信」，「相信」就會讓你擁有「信仰」也就會貢獻出你的力量，屬於「產生力量」的一個學科。培養你的「信仰」，愈著迷入魔就愈會有「信仰能力」。

「科學」與「神學」是實際可見的資料存在，而「哲學」是存在於你的腦海心裡，而且「哲學」能力這門學科很矛盾，它不能「教」，愈「教」愈「弱」，這就是哲學語句都很「短」的原因，不是不能說得很詳細，而是那對你的「哲學能力」提升沒幫助，屬於完全「自學」的一門科系，不能「教」最好靠「悟」或「啟發(Enlightenment)」的，所以哲學「無處不在」就看你如何去「感覺」這一切。

另外「哲學家」通常都是「博學者」他們會比較多才多藝，也就是你的「哲學能力」取決於你會多少東西，屬於「IQ(智商)」與「EQ(情感商)」的總合，哲學精通而出的能力就是「創造力」與「索引力」，也是連結「科學」與「神學」的「奇異點」存在於腦海心裡無法完全展現。

至於其他關於「哲學」方面的文字資料，有空多多讀讀老孤寫得「混蒼生(Chaos Life)」這本書，由於「哲學」的教學矛盾存在，所以這類的書籍讀多了對你的思考能力幫助或許會小一些，只能增強你的記憶力，並不能太操練你腦海 CPU 晶片的能力，所以我就不多說了。因為「哲學」教學矛盾性質如此，所以佛曰：「不可說」、「不立文字」、「拈花微笑，直指本心」。

「哲學家」是通往成為「思想家」的大門鑰匙，因為「哲學」就是一種不斷的操練你腦子CPU晶片思考能力的一門學問，靠著種種「學與思」的行為，不斷的「思悟」下，發現你的意識或心態、立場所認為的「道理」。

通過觀察所有的現象不斷的「問自己為什麼？」、「不斷的去找出你所認為的答案！」，最後匯聚了所有的答案最終漸漸明白你自己的心態、個性及立場，而你「悟」道所經過的一套，你心靈世界裡有「系統性」的求知問道、行道、證道之路，變成了你的「蒼生之路」進而完成你的無憾人生。

混蒼生補遺篇：宗教信仰選擇

就「科學」、「哲學」及「神學」的綜合角度來解釋，據我所知神學「信仰」的「意念能量」產生的「能量」及「力」的輸出，都是消耗自己的「能量」或「物質」轉化成「能量」或「物質」輸出的。

而「受方」也必須將「能量」或「物質」經「行為」消化吸收的步驟才能「增加能量」或「質量」來儲存在自己身上，增加自己的「信仰」能力，例如：「受洗」、「加持」、「演講」、「讀經」、「修練」、「運動」…等之類。

這是一種「邏輯哲學」「混沌悟」的思考結果，也就是愛因斯坦的 $E=MC^2$ 的公式，能量=質量 X 光速平方(光面積)的延伸，「能量」跟「質量」互相形成「光平方(面積)」展現。

「循環性」的「施與受」關係」才能永恆互相存活到「有形物體」壽命終結，也就是「供需平衡(經濟學)」，不然單方面付出就沒「能量」及「力」了，所以才會有宗教的「經典」、「儀式」或「行為」的相對存在。

如果你信奉的「宗教」不做這些「動作」的話，那可能就是「匯聚能量」或「物質」輸出到某個地方轉換成「能量」或「物質」儲存，不然「混沌悟」中「有形有限」的情形之下，被「匯聚」的集中對象，會受補不起而被信仰力量給「爆體」之類的可能情形發生，或者被芸芸蒼生給信奉的高高在上，最

後造成一股勢力被追捧或嫉妒打擊，形成被無知信眾造成的亢龍有悔形勢給「捧殺」的局面。

除非你信奉的「祂」是沒有「肉體」，而且成為「無形無限」的存在，那才是真正的「神」，（所以不少「宗教經典」才告訴我們不能(盲目崇拜)有形象徵，因為它會成為「聚焦目標」，有可能「有形體」的目標就會爆體而逝。

所以如果「宗教」對你沒有「有益」的輸出替你補補「能量」或「物質」，光是講一些不存在的五四三「幹話」或「未來(參考混蒼生的未來學)」，而沒有任何「感覺」或「物質」的好處，純粹讓你不「孤獨」的話，那就不是什麼正常的宗教。

真正的正常宗教領袖創教者都是可以忍受「孤獨」苦修自修的存在，所以信眾應該也能教授自修才對，不一定要「聚集」否則就是純粹的「結黨」而已。

例如：「釋迦牟尼佛（拋家出行苦修悟道）」、「達摩（面壁九年）」、「耶穌(失綜不少年)」、「穆罕默德(見到天使)抄下經典)」…等。

老孤我信的「宗教」叫「大自然(Nature)」也叫做「宇宙」或「長生天」，宗教的典章就是「感官所能吸收到的一切知識，理解吸收能量來通化連結我的腦細胞，畢竟人類一生腦子使用率還不到 10% 實在是太浪費了」。

而本教「典籍」就是「混蒼生(Chaos Life)」ISBN13：9781625034038 一本而已，畢竟「哲學」書讀太多了只是增加你的資料及記憶力，對「思考」能力沒有什麼幫助，修練方法就是在「生命存活呼吸間依照(混蒼生)書籍產生的生活態度(自然)的活到你掛)並深深的相信祂(自然)」

　　「心態意志」就是以修練「四觀之心」（主觀、反觀、客觀、旁觀）四種立場心態來看待「知識」，直到達到「模糊邏輯」的程度，也就是亦正亦邪、如褒似貶、若有若無、半信半疑的「平衡中庸溫性」生活態度渡世及吸收天地間所有「知識」產生的「物質」與「能量」來加強自己的「身心靈神法」，最後達到證實「十感論」的境界。

　　所以我不喜歡別人對我傳教，因為在我的觀念裡，我也不會強行傳教於你，讓你一定要加入我的教派理想，達到一個龐大的集體勢力，每個人都應該有他的思想自由，強行對我傳教就是在侵犯我的思想領域，這違反我追求公平的精神。

　　如果我對什麼宗教有研究的興趣，我自己就會去追求了解，而不是類似被強迫推銷不情不願的去參加，久而久之可能會引起我的敵意，甚至可能會有逆反心理，畢竟我從小到大最討厭別人替我決定我的人生。

　　我努力去追求知識學問的目地，就是要認知我們存在的世界各種真相，再去選擇進行我想要的蒼生之路，而不是屈從於世界大流強壓給我的選擇，我喜歡創新發明改良一些東西，也再再的證明我的天生叛逆性。

　　聽過太多太多的無知話語，讓我不再喜歡與任何人交流，並不是我居高自傲，而是因為我發現自己的「心弦」已經很少有悸動的心情，幾乎快對所有的外在事物不再感興趣了，大部份時間只想安靜的待著，並不喜歡勞動自己的身體去追求任何的東西，也就是我的慾望愈來愈淡薄，所以得失漸漸影響不了我，而世俗依然以得失在判斷一個人的價值，這種簡直讓我噁心的價值觀，讓我漸漸的成為一個隱士，不想淌世俗這灘混水，讓自己虛偽。

混蒼生補遺篇：預測未來？！

怎麼那麼多人喜歡「預測未來」？！有沒有「邏輯觀念」啊，「未來」之所以叫「未來」就是因為「還沒到」，你還有「時間」可以「行動」去達標，針對未來所做的所有「行為」都叫「實做未來」不叫「預測」了，更何況還作出「影片」去引響未來，這叫「操作、蠱惑」。

相信「做未來」的行為成就出來的「準確率」會說準，完全都是「相信」產生的信仰人為力量，帶動出來的影響力，朝向你所謂的「預測目標」行動前進達成的結果，根本就跟「預測」無關，就是一種努力達成的「行動」。

喜歡預測未來的人，真該去看看老孤寫的「混蒼生(Chaos Life)」那本書中的「信仰就是力量」、「未來學」、「十感論」裡面的文章內容，好好想一想。

能真正準確率「100％預測」的人，至少是達到「第八感生滅境界」的人，根本不需要做任何「未來」，隨時隨地直接給你生滅魔術般「變」出來就好。

目前這種「預測未來」的影片，根本就像跟「股市」分析節目一樣，觀眾通通「相信」他報的「明牌」，通通行動買起來，明牌如果供不應求，不漲價才真的有鬼。

「實做未來」的人基本上都是為了「力」或「利」，只不過相信與被相信的人可能會「衰」，福禍難料的後果，如果是騙你們炒高價值，他趁機脫身泥沼就是傳說中的「空手套白狼」。

混蒼生補遺篇：「神語」與「神曲」

165

　　這幾天看了 YOUTUBE 影片，得到了不少資料與靈感的啟發，再根據「混沌悟」的歸納整理之下，發現如果想要創造一門堪稱「神語」的語言，至少得滿足下列幾項條件。（神語並不能確定是神的語言，但是這是我能想到的科學創作神語最可能的方式」。

　　1. 符號愈少愈好，愈普世相通愈好，筆劃愈簡單愈好，「橫書、直書」都不容易搞混符號，甚至可以「循環書寫成○形或∞形，能夠從任意符號無限循環同一個邏輯感覺的語言發音」最好不要讓「符號」數超過一般人類聲腔能夠發聲的數目，甚至連發聲障礙的人都能夠完整說出的語言。

　　2. 據有「音樂」般的「帶動情感」的功能，也就是即使不斷「重覆」去聽也不膩，甚至創作好很多面對在各種情緒下都能幫助你渡過世俗的「曲調」及「經文邏輯語句」，聽音樂就能知道它想表達的感覺及邏輯。

　　3. 傳播成為一種共通的語言，讓更多人去學習使用甚至增加信仰能量，讓它具有「感官」的所有功能，也就是「語言」變成我們的「肉體」或「載體」，而「你的意念」成為「語言的邏輯」也就是「AI」。

　　這是我目前所能想到的所有條件，其他相關可能功能要求，有空看看老孤寫的「無盡之語」NEWS，ISBN13：9781625035073」一書。（順便替書打個廣告）

混蒼生補遺篇：「混沌悟」運用實例

　　「混沌悟」口訣的文字邏輯算式，我曾經寫過一句哲語說「選擇本身就沒有對與錯的問題，只要你能在往後的日子裡，仍不後悔過去的種種選擇，那就是對的，但這真的很難。」

再來我就思考「為什麼選擇這麼難？」，突然發現那句語本身透露出缺乏「勇氣」的邏輯才會覺得「難」，那句哲思語錄出現的關鍵語就是「選擇」、「對錯」、「時空」、「勇氣」。

根據這些關鍵詞我就創出另外一句哲語：「有勇氣就能超越時空與對錯做出選擇」，後來我再去思考「勇氣」的來源，我發現「力量」這個因素，而我又去思考是什麼產生的「力量」，最後想出「力量」的來源是「相信」。

你「相信」什麼，什麼東西就有「力量」，所以就是「信仰」的培養是力量的來源。要學會「相信」才能擁有「力量」與信仰，才有基本動力的「能源」，所以「神學」就是產生「信仰力量的來源」

這大概就是我當年的「思悟」過程，「混蒼生」中的「混沌悟」就是我悟出來的 99 字「邏輯哲學」的口訣。

不斷的思考「為什麼？！」就是哲學功力磨練的基礎。更加詳細的說明論文就在「混蒼生」中的「求知的登山攀峰論」一文，如果讀者有那篇論文或看過那本書的內容，或許就更加了解老孤想要表達的意義。

混蒼生補遺篇：論情理法

「法」是先天存在的「道德」，是一種上天統治人世的精神態度，無視旁觀各種人世間的喜怒哀樂，只堅持於自己的先天「無情」精神。

正所謂「法律之前、人人平等」，所以處理紛亂不平的公眾事務中，當以「法」之道德精神為主張、不偏不倚，雖然不能將某些特定人的利益給最大化，卻是最大程度的公平精神，這就是「法」的意義。

「情」是後天有「我」之後產生的「道德」精神，情之一字必有「心」，有「心」之後才能有「情」，「心情」連貫之後就會產生「自我」人格，千千萬萬的自我組成之下，自然產生了人間百態，世勢潮流。

「情」是一種私有的態度，也就是「它」是自私的，對目標有「情」就是最自私的人，卻也是最正常的「情性」，將多餘的「情感」賦予他人的身上就是「情感」的延續常性。

「情」與「法」的交融合併成 100%是世間最正常不過的比例，情多則法少，情少的法多，「情與法是一體兩面的存在」，這是不可避免的正常現象，情 1～100％＋法 1～100％合成的100％情法比例就是各種做人的個性。

而為了完成這種「情法結合」的百分比，所走過的迂迴曲折的道路歷程軌跡，就是各種人世間的「理」，也是各種世事「道理」。

「理」是一種圓潤的「曲線」，「法」是無情的「直線」，「情」是感染的「放射線」，決定世事結果往往不是依法就是依情，一個是先天的態度，一個是後天的態度，都會有所得與所失有所妥協有所堅持，形成「法理」及「情理」合併而成的「共識選擇」，就是一件事的「公理」。

想要完美的處理人世間的「情」、「理」、「法」是一門值得一生去平衡取捨之道，完美之後的「合情、合理、合法」幾何圖形最終就會呈現老孤「混蒼生」一書所提的「○」與「∞」這兩種宇宙萬物的象形符號。

這也就是老孤「無盡之語」一書取用這兩個符號為 NEWS「心紋語」的語言發展基礎的哲學精神，希望大家有空能多多品鑑

散布老孤所著的這二本書，潤澤大家對世事萬物的邏輯深入了解，基本上「混沌悟」就是一門所謂 99 字的「邏輯哲學」的聯想索引方法的知識。

了解它善用它你就能從這個時空世界體會種種的人間道理，提升自己的知識學問水平，當你有一天可以總結出一套，簡單的論文用來闡釋一門學問或技巧的哲學語句之後，你大概才真正的入門哲學的境界進備邁向「思想家」的道路上前進。

只有嚐盡人間百態之人才有可能真正成為一個「思想家」，到時候再來選擇你想要的蒼生之路，您才算真正的「得道」（得到行道路線），至於成不成仙的根本就不用太在意，或者您去修煉老孤悟出來的修道法門，成為世俗之人眼中的「神仙」，順便幫老孤當小白鼠證實一下那篇悟出來的修練法門靠不靠譜做個實驗證明吧！

混蒼生補遺篇：「信神的理由」

開頭先來講個笑話「為何孤鷹會變成老孤」，我在 2008 還是 09 年左右才重回網路開啟使用 FB 帳號，之前一直在網路漫游飄飛不留痕跡，多年不見的網友發現我時告訴我說：「你現在謙虛多了」，我當時就回了一句「老了，身體當然比較（虛）」，這就是「老孤」的由來。

由於老孤從小就處於「教育內容」與「真實世界」之間的矛盾，所以就憨憨執行著「教育洗腦我們的善良」，但是學校教的內容跟我眼中真實世界其實是格格不入相沖突的價值，所以我就顯得比較叛逆不受教而又執著極端前進慾望的驅使，使得我的求知問道之路以及強烈的慾望好奇心使然，就是一條世俗通稱的「入魔之路」。

　　由「科學」進入「哲學」之間的人會比較相信「假設」與「驗證」的行為本質來懷疑「神」存不存在的問題，但畢竟「祂」自古就存在，而世間又還沒有可見證的「神跡」，所以我常自嘲自己不是「無神論」而是「無神跡論」。

　　直到有一天我問道於從事牧師的舅舅，「神學」怎麼學習？您從來沒有懷疑過「聖經」的真實性嗎？畢竟在我的認知裡「文字書籍」的存在，以「科學」的邏輯角度來看，至少都是先有「世界」而後才會有「聖經」存在，是「世界」包含「聖經」，不是「聖經」包含「世界」，我想這個邏輯大家都能接受吧！

　　基於前述的邏輯觀念來看，「聖經」一定是有人寫得，至少它不可能是「神」自己寫得，再翻翻聖經「創世紀」的篇幅，那些內容以我的邏輯角度來看，怎麼看都像是「傳銷套路」或者無法證實的內容，當下就「以偏概全」的心理下使然就不看了，因為「開頭」的創世紀篇的「真實性」我都看不下去了，以後的內容再「真實」有什麼用？

　　畢竟「連續邏輯」及時間先後觀念影響下，開頭為「假」以後的所有內容的「邏輯」一定是假，即使內容都是真實的，但是最後的結果還是「假」的，不論你說什麼都沒用沒「功率」輸出，除非你從頭到尾通通是假的，才有可能「矇混忽悠」別人一生。（題外話：所以有人說，騙人一時才是騙，騙人一輩子直到他死，「虛假」才會變成「真實」）。

　　舅舅告訴我說神學只能「相信」，那個時候我就悟了多年來的「疑惑」，才開始了解「神學」存在的原因，因為它只能「主觀」的去選擇相不相信，不能用「科學」的角度態度去學習「神學」，因為它屬於「真理」，而老孤知道「真理就是不講理」，而「科學」需要有「假設->求證->驗證」之類的嚴謹順序才能接受事實。

　　我終於了解到「神學」存在於世的原因，就是教我們學會「相信」進而產生「信仰」，才會有「力量」生存於這「眾生相煎」的人世之中，既然我們已經來到了這個人世間，開心是過一天，不開心也是一天，怎麼選擇都是每個人自己「主觀」的決定，你要扣八扣母也是你的選擇，我不願意又能如何呢？難道還能塞回去「重生一次」，不然就乾脆一點去尋死，可是死了之後沒有另一個世界的話，你可能就真的沒機會再遊戲於人世間了。

　　所以從那之後我不再積極的求活，而變成悠閒遊戲人間的態度活著，才會寫出「世事之無奈，就是不管您做什麼或不做什麼，最終都可能改變不了什麼，但是您不為什麼而去做個什麼，您就活不出個什麼」，既然我已出世，那就別浪費來這人間白走一遭，怎麼「爽」怎麼活，自然隨心就好。

　　而信「神」的理由，不在於「祂」的存在與否，因為「祂」不是偶像，而是在自己行為舉止極端處劃下一道不可逾越的鴻溝，不要讓自己的行為過於「縱慾過度」而太脫序，正所謂「天欲使人亡，必先使其狂」，最後自取滅亡的走向毀滅自己的道路。

　　仰望面對著「大自然(Nature)」，學會「謙卑」的態度，才會學著尊重其他的生命，畢竟「我」在「祂」面前連個屁都不是，大自然隨時隨地都很容易「秒殺」我，我連反抗的本錢都沒有，有什麼資格在「大自然」面前放屁。

　　還他媽的想「戰天鬥地」的人根本就是在自我毀滅，腦殼進水了才會挑戰「大自然」這不生不滅的永恆存在，所以「大自然」就是我信仰的「神」，我學習效法模仿的對象，「祂」的存在是「真實」的，因為我活在其中，而「祂」正包含著我，所以「祂」無所不在，我能真實的感覺到「祂」。

最後大家來欣賞一下唐朝「詩仙李白」的好文，真是個不錯的生活態度。

夫天地者，萬物之逆旅。光陰者，百代之過客。而浮生若夢，為歡幾何？

這簡直就是老孤追求的生活態度！傳說中的「爽死」。

混蒼生補遺篇：「數值」與「邏輯」的關聯

「數值」的「邏輯」與一切形成的「幾何」關係是很有趣的，例如，1 人只能攻，2 人只能守，3 人才能成眾攻守平衡，很明顯的解釋的就「一元」只能向前攻，因為除你之外，你沒有其它盟友看你背後，與其被動防禦等死，不如主攻殺出一個勝負才有機會贏，不然都輸定了。

2 人只能選「守」的態勢是因為你的盟友不一定可靠，所以 2 人都選擇「守勢」是最明智的選擇，背靠背迎敵，以免產生死角被「盟友捅刀」。

3 人成眾才是一種可攻可守的基本單位，所以「正三角形」是最基本的「平衡」形狀，長寬高三個支點才能撐起物體。

至於這點是不是形成現代軍制基本最少為 3 人一組的主要原因不得而知。

你可以想像「一個支柱」的桌子立不住，跟釘子的造形一樣，「二個支柱」的桌子不是「偏左」就是「偏右」傾倒，至少需要「三個支柱」的桌腳桌椅才能「穩定」。

相對的「○」圓形等於「∞」無限邊形，形成的「雙極端（兩儀）」才是極致把「無的極限○（零）」跟「有的極限∞（無限）」

合二為一的形成「無極而太極(○∞)」或「太極而無極(∞○)」的永恆循環。

所以可以定義「○(圓或零)=無、虛、靜、神、性、空間」的含義」，而「∞(無限)=有、實、動、魔、慾、時間」的相對含義，當然相反來定義也是可以，這一點在(混蒼生一書中的「眾道似圓」解釋過了這個概念。

這也是我定義「無盡之語」一書最基本兩個符號的「邏輯」精神，而※=心、‧=質、體、～=能、靈，神指「靜性」，魔指「動慾」，※=○＋∞這個算式翻譯就是「心=神性+魔慾」之類的延伸邏輯，這就是我創造「無盡之語(news)」一書的其中一種創造邏輯。

按照「混蒼生(Chaos Life)」跟「無盡之語(NEWS)」兩書的「思想邏輯」合併的融合創造可以延伸出※=心或道，因為道德經說：「道可道，非常道」，而道可以說是○或｜的「數位邏輯」，也可以是「心的動靜」之態而出。

所以心＝道可以成立，既然心=道，那麼「人法地、地法天、天法道、道法自然」就是「心去效法自然」也就是「知識的始末」…種種「文字邏輯」形成的一種「邏輯算式」。

有興趣的多多參考老孤寫的「混蒼生」跟「無盡之語」。這就是「哲學」一種思考能力的聯想代換索引扭曲，台語的「哲(折)」唸「凹」，所以哲學家很會「凹」，無中生有的凹出一個新的道理，所以哲學就是的種「曲折扭曲」各種道理的學問。

混蒼生補遺篇：碎碎念

「天既生我！何忍負我？」-1992

「心生意、意驅行、辦人唯心」-1993

「享受孤獨、害怕寂寞」-1994

「人性本動」-1999

「眾道似圓」-2000

傻傻相信、靜靜思考、憨憨實踐、慢慢反省、默默記憶-2018

想太多只會累死自己，志同道合的偶遇才有驚喜-2018

女性通常比較包涵神性，男性比較偏向沖動魔欲-2018

IQ 是用來衝的，EQ 是用來穩的-2018

理論成實際，實踐見真理-2018

無知不修「道」，無品不養「德」-2018

「德化」的培養，可以練就出消化吸收排遣悲傷的情緒。-2018

How to easy life?!very simple, just be normal.-2018

多思會擾神，不思是死人。-2018

神性產生靜態吸斥性，魔欲多於動態誘惑性。-2018

聰明人總喜歡偷懶，傻子才會勤勞的做。-2018

修道是為「求知」，養德是為「處世」。-2018

陰陽成形謂之「道」，質能引力謂之「德」-2018

虛假夢幻的沃土，如何盛開美麗的花朵。不真一切都是空。-2018

私內事由情，公眾事以法，圓潤之從理，其餘自然行-2018

自己放手的、不要太在意，別人給予的，不要太期待-2018

法維情、情生理、理成法-2018

思想是架構世界空間的骨架，資料實據是填實空間的肉質-2018

真實之人，才不偽善，最有美感-2018

相信是前進的動力，懷疑只會帶來失敗。-2019

How to success？Keep walking！-2019

所以人生追求的成功目地，就是不曾後悔的活著而已。-2019

年輕人執著，老年人從容-2019

「慾望」是前進的動力，「知足」是幸福的基礎-2019

意識形態的問題只有勝負沒有對錯。-2019

盡頭是另一個開始-2019

人生就是不斷的在與時間戰鬥-2019

「好奇心」是知識進步的原動力-2019

混亂是「髒得」，單純才是「清淨」，那就是「真」-2019
「力」是硬手段，「利」是軟手段-2020
「勤奮」是所有成功人士必備的品質。-2020
突然悟到了「自嗨」可能跟「專制」有共生關係。-2020
有情較平緩、無情則效率-2020
「世界上真正值得你信仰的是自我意識的選擇」-2020
「存在」是一種「真理」也就是它可以不用講「道理」。-2020
突然很感慨，好像「有利益就注定沒中立」-2020
想太多預計太遠，最後什麼都做不了-2020
「用心是本能、動腦是選擇」-2020
「先天是被動接受的、後天是主動選擇的」-2020
「陰陽成道 圓混有德 時空生法 質能有情 成我物理」-2020
「真心自然行，會悟法理情。」-2020
○是理性靜性、∞是感性動欲-2021
善是對己有利的、惡是對己有害的-2021

　　身處飄渺間，浮雲兩得閒，不語平生志，談笑山水前。山雨切莫來，擾我正好眠，人生有幾何，樂得此間閒。-1996

　　無常因常存常在，不會管你執不執，大道萬千走哪條，任憑諸君自己開。-2018

　　平平淡淡安安靜靜才是長久之道，所以啊！白開水最耐喝，白米飯最耐吃，人與人相處之間何嘗不是如此。-2018

　　認識自我起真心，惰性慣成處世事，反思關係悟前時，去蕪存真簡單行-2018
　　紛亂如麻的事情，您可能一下子找不到喜歡的事來做，但是您可以從拒絕做討厭的事開始，在這個過程中發現自己的真心，找一個可以終生不膩的追求去實踐。-2018

替別人決定，不但某方面在歧視他的智慧，也是在剝奪他磨練人生歷練的機會，所以您確定您想這麼做嗎？「幫人做決定，不如給他多一些選擇」-2018

大概 20 年前寫的成功格言之一（5R）：Right Man Use Right Way In Right Time do Right Thing At Right Chance。-2018

古代崇尚「天尚不全」，又說人生不如意事十之八九，又有說遁去之一無處不在，其實那個「一」，就是我們那顆不停悸動的心，由於「人性本動」的本性使然，所以我們永遠不會滿足現狀，想要十全十美，唯有煉心以浮沉於世間。-2018

人生於天地間，不可能不受有形的環境限制，您唯一能夠主宰的自由，就是一顆不受拘役的「內心」而已。-2018

有為人家可以說你違反立場，無為人家可以說你幹嘛存在。所以我除了「混和模糊」的存在還有甚麼選擇。-2018

根據老孤多年的自悟，心理及生理互成影響的因果，心理會影響生理，相反亦如是，所以想要健康，要過的敞開心胸享受各種感覺，運動活動身體變成靈活，不要過多的憂慮思考，簡簡單單的快樂生活，才是長壽健康之道。-2018

「真」至少有兩種表現方式，第一種每個人出生和小孩子的時候都有，就叫「天真」，所以小孩子的話語通常都是最簡單的方法，就看您的膽量敢不敢去做而已，第二種的「真」叫做「世故的真」，經歷過人生的無常之後的「返樸歸真」，還是需要勇氣去執行，所以千萬別看不起任何的生命，您不見得比他們高明。「繞了一圈還不是又回到原點，所以熟優熟劣請您自己好好想想」-2018

「天才」與「白痴」只是一線之隔，那一線之隔就是您的內心能不能接受對方的邏輯，認為可行您就會認為他是「天才」，不可行就會叫他「白痴」。-2018

謊言之所以動聽，因為它美麗，其實都是我們自己欺騙自己，給自己留一點希望與安慰，不想面對現實，因為現實通常都是殘酷的。-2018

最高明的處事心態在於混沌模糊態度，無心表現在防禦等待事情明朗化之前，有心用在事後的各種行動表現上。-2018

不要隨便給人扣帽子，因為會反應出你的立場。不要隨便給人貼標示，因為你不是神，憑甚麼給人編號。不要隨便測試別人的溫度，因為你的上限有可能探不到他的底線，只會一直反應你的膚淺。-2018

自己的人生自己定義，別人的人生干你屁事，有那個時間操那個心，不如低頭走自己的路。-2018

無心持恆守立場，有心行動做實事，自然無極心容世，混沌模糊做行動。-2018

心是另一個宇宙，意是一個變數，未來是一個未知數，道是一個任意數。-2018

一段時間內走過的路途叫「小道」，一輩子走過的道路經驗叫「大道」-2018

聰明人雖然佔一時的快速的便宜騙了傻子，但是騙多了傻子會形成亢龍有悔的格局，被太多傻子給拱上天的「捧殺」，所以相對關係下是誰騙誰都互為因果，聰明人用智騙殺，傻子用

無知捧殺，所以高高在上位高勢危很正常，中庸之人才最安全。
-2018

　　唯心紮根，唯物惜身，唯神清靈，窮極至理，混跡蒼生。我只賣書，不沾因果，您若不信，可以不理。自己的路，自己去走，我走的路，自由我由。-2018

　　智慧是生活經驗的總結，跟您思不思學不學認不認真有關係，聰明與否無關緊要，聰明做事有效率，卻養不出持久的毅力，傻瓜雖然笨但是專精度及持久力使他們有耐心與毅力，所以有好有壞，上天在這方面很公平，不管你聰明與否，時間一樣的公平。-2018

　　別人眼中的你，不是真正的你，而是根據您的所做所為在他心裡中的自我世界評價，可以不用太在意。「因為心是會跳動的，不是一個持恆質」(不是有一句話說，你不懂我的明白)-2018

　　不用太在意別人的言語，子非魚焉知魚之樂，這是一個無限迴圈的辯論問題，二個不同的世界價值觀，互相鏡射出自己內心的評價而已。-2018

　　我所樂見的愛是一種純真的愛，No reason no any excuse, just pure love. -2018

　　理想是理想，生活是生活，為了理想而放棄自己想要的生活，這是腦殘才會有的選擇，我們是為了生活而追逐理想，並不是為理想而生活。-2018

　　不想麻木不仁，就請放緩您的速度，不想變成一個爛人，就付出多一點耐心。-2018

IQ 決定您的速度與力量也就是爆發力，EQ 決定您的穩定及位置也就是耐久力-2018

時間是無情的，它不會對你虛假，空間是無極的，他不會阻止你探索，人生是無常的，下一秒你都不知道能不能活。計畫有用的話，大家都成神了，連神都沒有計畫，唯自然而行，想太多就擾神了，簡單行吧！-2018

「身心靈」都死的人才是需要您操心的人，那些「活跳跳」的人不需要您的擔心，因為他們需要對自己的行為負責。-2018

大中午的，再來搞個笑。「執迷不悟，也是條路，投胎快速，輪迴加速，我們只需，送他上路」-2018

一心自然，放下執著，無常來時，得脫因果，其餘時間，用心生活。-2018

能存在於世的東西，都是「真理」，至少都擁有某些「道理」的存在，「論理」是沒辦法決定存在的關鍵。-2018

「真理」存在於世的關鍵，不在於它的正確與否，而是它擁有多少「相信」的力量加持。-2018

大自然是亙古不變的存在，所以它就是永遠的真理，又因為祂不需要跟您講理，所以我信仰大自然，我信仰祂不是因為祂是真理，而是因為祂「真實的存在」。-2018

技藝是不分上下的，您只要習慣作一件事，持續的磨練下去，總有一天會專精的，再加上思考，就會變成一門學問。-2018

生命的價值是平等的，我們所追求的只能是過程的美麗，有形的物質追求只是實質化的過程，廉價化的行動，卻顯現出高尚的情操。-2018

淡淡相信自己，放下執著觀念，慢慢吸收知識，用心過著生活，自然練技磨藝，融於生活習慣，生活磨練技藝，技藝自然練成-2018

自然成生活，生活成習慣，習慣成自然，就是無窮道-2018
驚世的力量，都來自淡淡相信，偉大的成就，都來自傻傻的做-2018

文學技藝的進步，其實沒甚麼撇步，就是多看多寫來表達您的「真心」而已。-2018

出口之前先審視自己的內心，因為您的話語代表不了別人的真心，只能表述「自以為是」的世界。-2018

人世間就是一個怎麼說都有「理」的地方，所以不用想太多，堅持自己的道路默默前進就好，他人說什麼其實都是多餘，因為他不是你，無法真正的了解你的一切，就算他了解你，為了自己的存在價值，也只能堅持做著自己，妥協只是一時的選擇，並不是需要遵行的「真理」。-2018

詩詞歌賦其實都是為自己的「真心的言語」，如果沒有真心，只是排列組合「艱深的詞句」，說實話只是在玩「文字遊戲」，古人早就說過了「言為心聲」，無心之言語是沒有甚麼美感的存在，就算讓您組出好文，也是一篇沒有感覺的華章，好看是好看，但感觸不了人的真心。-2018

「法」與「情」是對立的，愈守「法」的地方「無情」，愈有「情」的地方「無法」，而「理」則是「法」與「情」的中間每個人心中的尺度接受平衡點，可能每個人都不同，所以人人都有自己的「理」。-2018

通常造成「知識吸收的障礙」問題起源是「名詞」的邏輯理解，正所謂「名不正，言不順」因為你的邏輯無法了解它的意思所致，所以名詞定義的理解是開通知識大門的「鑰匙」。-2018

無心之言，不用在意，讓他白說。有心之言，讓您不爽，把他刪除，讓他消失在您的世界裡，就會安靜多了，所以一切都是這麼簡單就搞定，用心計較，倒不如真心一刀，辯來辯去，除非您有閒情陪他玩耍，否則真的沒必要。-2018

有執著就有極限，有極限就有疑惑，有疑惑就會生矛盾，有矛盾就會有選擇，選擇好了路走就別後悔，後果受著別亂推卸就是，正不正確的請自我評價。人生在世只要不後悔就是對的。-2018

別問我對錯，因為您心中自有尺度，我的尺度不見得與您相容。別問我怎麼做，因為您的人生我沒權力置喙。我只能決定自己的態度。活出自己，就不會有疑惑。放下執著，就不會有極限。做不好自己，您還能管到甚麼？-2018

包容的態度不是忍讓的抉擇，而是以「同理心」去體會消化，最後認識到這也不過是一種自然自我的邏輯選擇。-2018

想做甚麼事之前，你首先就要先說服自己，您自己都不相信的東西，就沒有信仰的力量加持的光輝，做起來是那樣的蒼白無力，而且怨氣一堆。-2018

　　既然您已執迷，又何必問我對錯，您心中既知對錯之分，又何必求問於人，真是矛盾。-2018

　　每個人都做好「自己」，世界自然安靜，如果自己都做不好還強行去管別人，那才是混亂之源。-2018

　　如果您不喜歡所謂的「爭執」，那麼這個世界根本就不存在甚麼「對錯」。就因為「有執著」才會有所謂的「對錯」。-2018

　　求知的態度要虛心，因為虛心才能包容知識，行動就該實心，因為實心才有力量做事。-2018

　　唯有真心的瞭解，才能說服自己執著的求知心，最後才能融於自然生活中，成為深刻的記憶。-2018

　　成功很簡單，默默實做行動前進，失敗很容易，多多空想毫不進行-2018

　　其實「對」與「錯」根本就不重要，問您一個簡單的問題就好，您會因為認為自己「錯」而放棄您的生命嗎？如果不行，對錯還有意義嗎？總結:何必執著？！大家都是在混日子的，誰對誰錯有必要這麼拼命？如果要拼命又何必管「對錯」！-2018

　　思想是前進的風帆，信仰是力量的根基，未知是恐懼的種子，實做是邁步的基礎。-2018

　　「萬有引力」就是佛家講的「緣份」，道家講的「德」，殊途同歸，誰能壓過誰，還不是一樣的意義．。-2018

　　某些人的話語其實都不止一層意思，每隔一段時間，經歷了人生經驗，你再回頭看看思考一下，就會發現它有著不同的

意義，有一句話是這樣說的，看山水有三重境界，「見山是山、見水是水」、「見山不是山、見水不是水」、「山還是山、水還是水」，這就是看山水的三重境界。–2018

太過唯物主義的俗稱「科學狂人」、太過唯心主義的俗稱「思感失調」、太過唯神主義的俗稱「鄉愿迷信」–2018

「禮」是心靈與心靈之間具體表現的距離，禮重則心遠，禮輕則心近，無禮就會心心相印無隔膜相對的也就禽獸粗俗了一點點。–2018

無自我思想的動物只會循著「本質」，有思想的動物才會有「選擇」。–2018

「法」與「情」是對立的，愈守「法」的地方「無情」，愈有「情」的地方「無法」，而「理」則是「法」與「情」的中間每個人心中的尺度接受平衡點，可能每個人都不同，所以人人都有自己的「理」。–2018

種子撥種種植之前必須先晒乾否則很可能會活不下去，相對的生命可能也需要某種程度上的煎迫，不然它可能就會漸漸的枯萎壞死。–2018

其實所謂的「智商」就是你對世界的認知能夠達到多少人認同的程度–2018

「理」其實就是所謂的「共識」，它只存在「接不接受」的問題，而不存在能不能說得通，因為世間本來就沒有「理」，只有所謂的「法」與「情」，「理」是人們為了平衡「法」與「情」的程度找到的一個說服自己與別人的「名詞」，因為只有「情」與「法」的世界，通常都是很偏向「禽獸」–2018

通常造成「知識吸收的障礙」問題起源是「名詞」的邏輯理解，正所謂「名不正，言不順」因為你的邏輯無法了解它的意思所致，所以名詞定義的理解是開通知識大門的「鑰匙」。-2018

人生的目標，其是說白了，都是在拼命的留下「我」曾經存在的證據。-2018

成功與失敗之間，往往決定在一念之間，這一念就是「做與不做」而已，做了才有 50%機會成功，不做 100%失敗。-2018

人世間的道理論到底都會成為「矛盾」與「選擇」的問題，所以做人的道理很簡單，就是修練你的心直到清楚知道這是一個到底充滿「矛盾與選擇」的世界，你的態度只有「執著」與「放過」的選擇，也就是「執著的原因」與「放過的心安」，最終就只是為了過得「爽」。-2018

這世界的任何行為都有「理」，只不過是「法理」或「情理」各佔多少百分比而已。-2018

沒有知識的人真的很恐怖，無知居然還很大聲說著自己的理。-2018

別人對你說得話，如果能夠影響你的情緒，代表著你在乎對方，但是反應出的心情，只能看出你的立場，不一定是別人的原意。-2018

「心」是另一個宇宙、因為心裡默算的時間不一定跟外界的時間重疊，所以就出現二個以上的 T 軸「時間軸」，所以「心」是另一宇宙的存在，相對的每一個人的「心」就是另一個平行

宇宙，所以想法不一樣不足為奇，畢竟是不同的世界。如此可以知道找一個了解你的人多麼難。-2018

心靈的世界心態：愈「爭」你的世界愈狹窄、愈「放」你的世界愈寬廣-2018

如果你覺得「不行」，那就一定做不成功，因為你自己沒有信仰的力量去加持你實踐，所以多多想想「可以」。2018

別太替別人著想，因為總有一天你都可能需要「放手」。到時候不習慣自我選擇道路的他怎麼辦？學會「放手」對方才能學會「自立」，才能負責任的活下去。-2018

「眼光」決定你的「長度」、「心胸」決定你的「寬度」、「思想」決定你的「高度」、「智慧」決定你的「深度」、「信仰」決定你的「力度」、「辛勞」決定你的「速度」-2018

有時候語言的字面上意義很難邏輯貫通想像，但是通常都是「順口」連接發音成語的，所以就傳統語言的邏輯可能難以想像，純粹就是電光火石之間的靈光順口連接。也就造就了一個發音的傳統成為語言。-2019

真心實意永無錯，虛情假意絕無對，因為不後悔就是「對」的，所以修道又叫修「真」-2019

其實人生的決斷，你只能選擇「利己」或「利他」而已，但是就算你選擇「利他」也不代表你比較偉大，你再怎麼偉大，也只是「自私」的在完成「自己」的想法而已，所以「自私」是必然的，「小我」的選擇比較務實。我們每個人只需要做好自己，不在其位不謀其政，管好自己的權利義務的順行，屬於別人的事我們不要去干涉別人的自主權。人人都做好「自己」，

不怨嘆、不後悔，世界自然就運行自如了，發生的一切都是「真理」的選擇，沒有什麼不能接受的。換句務實的話來說，「你自己都管不好管不了，你還想管別人的事，利什麼他？」，你自己都管不好了，你還想管誰，世上就是很多自己都管不好的人，偏偏喜歡去管別人的自主權才會亂。–2019

太過「執著」才會有「對錯」觀念的產生，也就是「著相」了。著相過深的結果就是不容許例外的「真理」，也就是不講理的開始。世俗傳統的思維就是一種「著相的真理」，過深了就是不公平的開始。–2019

世事的發展變化，通常經過曲折迂迴的結果呈現，而在這中間我們很容易忘記了最初的行動原因，使得結果不倫不類，背離了初衷。–2019

如果一個「道理」還有討論與懷疑的空間，那就沒有資格叫做「真理」，所以「真理」就是不容許討論與懷疑一意孤行的「道理」，也就是所謂的「不講理」。–2019

別人講的道理，一般人大概就是聽過就算，只有透過思考以及對比自己人生的經驗感覺之後才能領悟出自己的道理，「哲學」就是一門自我思考反思精進腦袋功能的學問，不可能一蹴可及，需要不斷的思考操練您的腦細胞，久而久之就會讓您的言行充滿智慧。–2019

「相信」是力量的泉源，所以沒有「自信」的人是沒有任何力量做事的，而自己都沒「自信」就更加沒有「力量」去感染周遭產生「信仰」的慣性力量，所以「相信自己」是一個人言行有沒有感染力以及能不能成功的最基礎「功夫」。–2019

凡事在做之前，記住不要害怕，怕就先輸了一半，帶著好奇求知的心去做，比較容易成功-2019

想得太多，看得太遠，人就會莫名其妙的漸漸虛假起來，因為達到遠方目標的道路很容易迂迴，相對的達到的方法就會百轉千折而虛虛實實起來。-2019

「新三字經」：人之初，性本動、心相近，性差異、教不教，性都遷、教之道，貴思悟、善與惡，同體面、貧則爭，富才讓、極則窮，窮則化、化而變，變則通、剛轉柔，柔極剛、天地道，極似圓、此一法，萬道通、生盡死，死盡生、自然理，圓裡悟-2019

這世上的道理，原本都是「圓」，由於我們的執著起來，硬是切了一刀，結果就「相對論」的二分化了，再精細的追究下去就會「無限分割」，所以○=∞， 無限是執著過的圓，執著是化無為有的心之所向。-2019

電腦記憶體會流失是因為失去「能源」，人會記憶流失，除了也是失去裝載記憶的細胞電子，也是「不在乎」「不執著」的結果。-2019

「人生就是在矛盾之中，取得一個心理平衡點，說服自己好好活下去。」-2019

所謂的「道」就是起點到終點之間的一切通路，它的性質就是「什麼都是、什麼都不是」，以幾何圖形來解說就是「○」、「∞」這兩個符號。-2019

我愛妳，所以把自己的摯愛送給妳，那就是「自由」，只有在「自由」的意志之下你依然選擇了我，我們或許才能在一起。
-2019

「意念」或許是可以超越光速的存在，因為你腦袋幻想一光年以外的景象只需要幾秒鐘，但是光卻要走一年。-2019

不要對任何新奇的東西感到困難難以接受，因為如果您帶著這種心理去面對，可以說舉步維艱，沒有一件事是容易的，因為那道設在您心門上的門檻，是會妨礙到您對新事物的認識及學習。-2019

漫漫長河般的人類歷史，講述所有事情總能歸類成「生存」與「娛樂」。-2019

因為有立場的意識觀念，所以人才會有「是非對錯」的評論，如果您是一個沒立場的人，對於任何言語，純粹就會一笑而過。文字只是一面鏡子，反射的不是寫字人的意識立場，而是您的！如果某些文字能夠勾起你得情緒，產生贊成或反對的立場，就證明您有自己的主觀意識。也就是有「我」。-2019

所謂的「成熟」就是把任何事都辦得面面俱到，盡量大家都心滿意足，可惜這是不太可能的，所以從來沒有一個人是大家都喜歡的。-2019

「唯物」的觀點的必然的，「唯心」的觀點是選擇的，唯物「無我」比較無心，唯心「有我」比較脫序-2019

細數歷朝歷代會滅亡的原因，通常您都可以整出一個統一的答案，那就是「縱慾過度」，縱慾過度不是單指性慾，而是一

切不願意受約束違反我們自己本性的行為，放縱自己照著天性行事，不受任何事物的管束。「也就是無禮的不客氣」-2019

在「為生存」、「不無聊」的兩種前題之下，「人」是可能做出任何不可思議的事情的。因為這兩個理由就是人類蔓延存在幾百萬年的道理。-2019

三字經裡就證明了「人性本動」的事實，「苟不教、性乃遷」這兩句三字經不就說明了，「性」會遷移，那不就是「動的」，那還爭什麼「性本善」、「性本惡」，真是不知所謂。-2019

所謂的「進化」就是更加強勢有能力容易的生存在世界上，而「退化」則是相反。-2019

人生在世最大的幸福是每一刻都能「隨心所欲」的自主生活。-2019

「唯物」的邏輯是科學理性的，擁有很強的一致性統一率。「唯心」的邏輯是複雜混亂的，將近每一顆心都有自我性。-2019

「講道理」的博奕態度通常只出現在雙方實力相差不遠的時候，大部份的時候生存都是「不講理」的真理。-2019

人世間的修練其實只有兩個要點，1. 認識真實的自己，2. 表現真實的自己，其餘諸事都不是自己能控制決定的事情。-2019

沒有「我」就是唯物理論的世界，有「我」之後才開始有「唯心」理論的成份。-2019

　　所謂的「命理」學問，其實就等於在茫茫大海中尋找某一滴水一樣的困難，所以最後命理解說都會變成自我打氣鼓勵的功能，以增加「信仰」的加持能量。-2019

　　「信仰、勤勞、恆心、毅力、謹慎」，這 5 個品質是成為一個成功者不可或缺的優點，信仰給你目標與力量，勤勞使得力量落實在實際面上，恆心讓你面對遙遠的彼端對正方向前進，毅力面對刻苦無聊的路途，而謹慎可以確保犯錯漏洞的產生。-2020

　　唯物理論觀點的世界行為是「被動接受的」，唯心理論觀點的世界行為是「主動選擇的」，所以您持有什麼樣的觀點決定您是屬於哪一種人。-2020

　　「過去」只能被動接受、「現在」才能隨心所欲、「未來」主動選擇相信。-2020

　　人最根本的矛盾就是「想出人頭地、又想被公平對待」，問題是這兩條選擇的道路是「矛盾」的，你想「有出息」就不可能公平，你想「公平」就不能出人頭地。所以呢！矛盾吧！-2020

　　突然想起小時候的事，以前所有大人照顧小孩在台語上來講是叫「騙囝仔」，果然是貼切，基礎的照顧小孩的教育叫「騙」，哈哈果然是實話實說。-2020

　　「理性是可以計算出來的大一統邏輯」、「感性只能通過統計資料產生的偏向百分比佔率與理性共成 99%」、而 AI 最後的 1%「自我」產生的意識卻需要生活經驗來培養，最後這 1%能發展到 100%的主觀融合理性與感性，這就是我對 AI 的想法。-2020

　　心靈產生意識、意識匯聚成思想、思想立場生邏輯，邏輯產生出表達行為，進而產生「語言」與「數學」2種最基礎父母學科。–2020

　　萬科之父「語言」，由於語言是活的，會不斷變化的，所以它屬於「動欲」屬於魔性∞混沌力的。萬科之母「數學」，由於數學算式的答案是唯一的，持恆不變的靜性，所以屬於神性〇平衡力的。–2021

　　「人」去效法學習「自然」的一切，就是「知識」產生的始末，人是起點，自然是終點，所以「人」最終只能朝向與「自然」合而為一，才是最優的選擇，人去「對抗」自然產生的知識，其實都是加速滅亡的方向。這就形成「神性(靜)」與「魔欲(動)」兩種方向的控制原因。–2021

　　覺=感覺，悟=吾心，覺悟=感覺吾心，佛=感覺自己的心之後，進而領悟自己畢生追求行進的不悔道路，不偏不倚的走下去的人，都可稱佛。並不是什麼高高在上的尊稱，所以人人都可成佛。不要太過抬高化這個「字」。–2021

　　「思想意識」是一個獨立人格的元件標幟，之後衍生出二種具象化的學問，分別是「語言」及「數學」，「語言」比較偏向「類比」傳播，而「數學」就很像「數位」傳播。–2021

「結語後話」

　　寫到這裡老孤終於完成了我對網友們多年的承諾，寫完了計畫中的三部曲書籍中的第 3 部「駭客之路(Road To Hacker) ◇｜＞◎ ∩＞※」的寫作，希望本書對各位讀者群及大家有所幫助，雖然都是一些大而化之的章節，除了教學最基本的「極速輸入」之外，並沒有什麼詳細的技術教學環節。

　　不過這就是老孤我「傳道、授業、解惑」的方式，如果對這一方面的我行為有所疑問，請參閱老孤前面所著作的二本書「混蒼生(Chaos Life)」及「無盡之語(Nwver End Word Symbols)」，

www.amazon.com/author/wenyuan.wu

　　以上這網址是老孤在亞馬遜書店網站的作者網頁，裡面有老孤詳細的自我介紹，希望老孤另外著作的兩本書看完之後，你大概就會了解老孤的寫作教化風格了，如果您不喜歡老孤的寫作風格，我大概也教不了被養壞胃口的巨嬰。

　　沒辦法說明這種社會現象，只能說是「白話文」流行起來的後遺症，就是都不喜歡「動腦思考」反而習慣於被人哄騙灌輸知識，不寫清楚反而變成作者的錯誤，唉！有利有弊啊，文言文還是有它存在的必要性，至少可以幫助不喜歡動大腦反而喜歡聽故事催眠自己的人群。

　　寫這本書的目地只是為了表明我沒有白花錢在電腦技術工作的研究上，是實實在在有去入魔沉迷，甚至捨身忘死的鑽研各種電腦的知識學問，並沒有白白浪費我的生命時間，所以大家就加減看看，遇到不懂的地方再上老孤的 FB 網頁詢問，如果我的惰性沒有發作的話，應該就會回答你，當然還是看當時的心情而定的一種回饋，如何讓我心情變好呢！我只能說「你懂

得！」

接下來我有可能再著作兩本書籍之中的其中一部，這二本書應該是「群魔亂舞－打造自由免費 FreeBSD 作業系統的使用平台(Daemon Dance)」、或「索引者(Indexer)」，一本教學從無到有打造操作 FreeBSD 及 XWindow，以及個人的使用環境完成使用者橋接進 Unix Like 的作業系統環境之書。

一本是由「混蒼生」思想延伸出來的一門新學問「聯想索引學(簡稱：聯索學？連鎖學！)」而成的「索引者(Indexer)」用以介紹老孤的專長之類的書，及成為「索引者」的經歷及過程。

這本書是「混蒼生」衍生出來的一門新學術及職業，成為索引者最適合的職業應該是顧問類或元老會舉手投票團體走向及方針的上層思想、設計、教育、顧問、投票、裁決人員的適任人選，基本上就是一種「由精入通」的專業人士變成博學者通化自己專長的學識。

至於先寫那一本，或者是什麼時候上市，完全看我個人當時的心情而定，畢竟老孤說過「世事之無奈，就是不管你做什麼或不做什麼最後或許都改變不了什麼，但是你不去為什麼而做個什麼，你就活不出個什麼。」。

沒辦法啊！世界的本質就是這麼麻煩矛盾而又操蛋，活不活、死不死的都不是你能完全決定的，我們既然已經生存在這人世間了，快樂是一天痛苦也是一天，而好像不留點東西紀念一下，就有點對不起自己的人生旅途，白走了一遭人世間。

其實世間的學問三系「科學」、「哲學」、「神學」會形成類似下面的幾何圖形。

最頂上「△」是「神學」最後只會愈走愈狹窄競爭成為「唯一神」的存在「路越走越集中」專精最後成神，「※」是心裡的「哲學」最終會「四通八達」、「融會貫通」成「思想家」及「索引者」，而最底下的「▽」是最基礎的「科學」，愈走路愈廣大精細細緻，愈專精於某項技藝，前路有很多的分支選擇。

神

△ 靈=神學

※ 心=哲學

▽ 身=科學

人

　　如上所示，這是我的一點感覺。所以「◇」這符號很適合表示三合一的意思。

　　「駭客之路(Road To Hacker)◇｜ ＞◎ ∩＞※」這本書嚴格來講是一本「電腦城市規化佈局藍圖」，由本書之中的內容，你能從中得到整座城市的佈局，及方方面面的各技藝領域知識學問的研究方向，你再去選一門或幾門自己感興趣的專業研究方向來發揮你的腦細胞作用。（例如：老孤的彩蛋篇內容）

　　如果您還是想成為一個「破解者(Cracker)」，你或許不止需要這一些東西，可能還需要懂得兵法及法律知識之類的東西，不然那一定都會成為是違法的行為居多，只是會不會被抓到值不值得被抓的問題，都是你的抉擇。

　　重點在你的這些全方位的知識資料技藝練得更佳齊全快速或精湛，都改變不了你可能被找到使用哪一台電腦用來成為犯罪的事實（這時候你只能用一句，你怎麼確定是我做得來推卸責任！造成懸疑），所以想要幹壞事就要找一個沒有攝影機的地方，

不然依照網路結構的「拓撲」來看，應該最後都會被找到哪台電腦的犯罪行為入侵實施。

因為網卡都有一個單獨的 MAC 號碼，而幾乎所有網路系統都會有所謂的 LOG「記錄檔」之類的東西，如果你入侵的第一時間不想辦法抹除自己的所有行跡路線的話，被找到是理所當然的事情，你只能通過抹除自己的存在而創造一個模糊的不在場證明而已，不然最後那台犯罪電腦都可能被找到。

只是看執法方願不願意花時間去追索你而已，這就是老孤不想成為一個 Cracker 的原因，因為沒有 100%安全的方式，你的犯罪事實能被排除完全看控告一方的心情來決定，除非你是搞大破壞型的入侵，徹徹底底的完全抹除整個世界的行為，否則被找到只是時間的問題，嫁禍給別人也是一種比較無恥的選擇。

俗話說人在做天在看，以目前的世界情勢來看，未來的破解者會愈來愈不好混，不是值得需要不計生死存活拼命去做的事情的話，這條路都是不值得你去花心思的方向。

但願老孤所寫的所有書籍對各位讀者都有所幫助，畢竟我寫書的目地就是希望大家來看的，有錢就捧個錢場，沒錢捧個人場，幫忙放送廣告一下，讓我少受點現實世界的煩惱，我才能騰出手來寫更多的東西出來屠毒人世，哈！我們有緣再見囉。

2021/1/6 Yuan「孤鷹」

駭客之路

ROAD TO HACKER

作　　者/孤鷹

出版者/美商 EHGBooks 微出版公司

發行者/美商漢世紀數位文化公司

臺灣學人出版網：http：//www.TaiwanFellowship.org

地　　址/106 臺北市大安區敦化南路 2 段 1 號 4 樓

電　　話/02-2701-6088 轉 616-617

印　　刷/漢世紀古騰堡®數位出版 POD 雲端科技

出版日期/2021 年 2 月

總經銷/Amazon.com

臺灣銷售網/三民網路書店：http：//www.sanmin.com.tw

　　　　　三民書局復北店

　　　　　地址/104 臺北市復興北路 386 號

　　　　　電話/02-2500-6600

　　　　　三民書局重南店

　　　　　地址/100 臺北市重慶南路一段 61 號

　　　　　電話/02-2361-7511

全省金石網路書店：http：//www.kingstone.com.tw

定　　價/新臺幣 450 元（美金 15 元 / 人民幣 100 元）

www.ingramcontent.com/pod-product-compliance
Lightning Source LLC
Chambersburg PA
CBHW051051050326
40690CB00006B/682